ESTONIANO
VOCABULÁRIO

PALAVRAS MAIS ÚTEIS

PORTUGUÊS
ESTONIANO

Para alargar o seu léxico e apurar
as suas competências linguísticas

3000 palavras

Vocabulário Português-Estoniano - 3000 palavras

Por Andrey Taranov

Os vocabulários da T&P Books destinam-se a ajudar a aprender, a memorizar, e a rever palavras estrangeiras. O dicionário é dividido em temas, cobrindo todas as principais esferas de atividades quotidianas, negócios, ciência, cultura, etc.

O processo de aprendizagem, utilizando os dicionários baseados em temáticas da T&P Books dá-lhe as seguintes vantagens:

- Informação de origem corretamente agrupada predetermina o sucesso em fases subsequentes da memorização de palavras
- Disponibilização de palavras derivadas da mesma raiz, o que permite a memorização de unidades de texto (em vez de palavras separadas)
- Pequenas unidades de palavras facilitam o processo de estabelecimento de vínculos associativos necessários para a consolidação do vocabulário
- O nível de conhecimento da língua pode ser estimado pelo número de palavras aprendidas

T&P Books Publishing
www.tpbooks.com

ISBN: 978-1-78400-973-1

Este livro também está disponível em formato E-book.
Por favor visite www.tpbooks.com ou as principais livrarias on-line.

VOCABULÁRIO ESTONIANO
palavras mais úteis

Os vocabulários da T&P Books destinam-se a ajudar a aprender, a memorizar, e a rever palavras estrangeiras. O vocabulário contém mais de 3000 palavras de uso comum organizadas tematicamente.

O vocabulário contém as palavras mais comummente usadas
Recomendado como adicional para qualquer curso de línguas
Satisfaz as necessidades dos iniciados e dos alunos avançados de línguas estrangeiras
Conveniente para o uso diário, sessões de revisão e atividades de auto-teste
Permite avaliar o seu vocabulário

Características especias do vocabulário

•   As palavras estão organizadas de acordo com o seu significado, e não por ordem alfabética
•   As palavras são apresentadas em três colunas para facilitar os processos de revisão e auto-teste
•   As palavras compostas são divididas em pequenos blocos para facilitar o processo de aprendizagem
•   O vocabulário oferece uma transcrição simples e adequada de cada palavra estrangeira

O vocabulário contém 101 tópicos incluindo:

Conceitos básicos, Números, Cores, Meses, Estações do ano, Unidades de medida, Roupas & Acessórios, Alimentos & Nutrição, Restaurante, Membros da Família, Parentes, Caráter, Sentimentos, Emoções, Doenças, Cidade, Passeios, Compras, Dinheiro, Casa, Lar, Escritório, Trabalho no Escritório, Importação & Exportação, Marketing, Pesquisa de Emprego, Desportos, Educação, Computador, Internet, Ferramentas, Natureza, Países, Nacionalidades e muito mais ...

TABELA DE CONTEÚDOS

GUIA DE PRONUNCIAÇÃO

Letra	Exemplo Estoniano	Alfabeto fonético T&P	Exemplo Português

Vogais

a	vana	[ɑ]	chamar
aa	poutaa	[ɑ:]	rapaz
e	ema	[e]	metal
ee	Ameerika	[e:]	plateia
i	ilus	[i]	sinónimo
ii	viia	[i:]	cair
o	orav	[o]	lobo
oo	antiloop	[o:]	albatroz
u	surma	[u]	bonita
uu	arbuus	[u:]	blusa
õ	võõras	[ɔu]	chow-chow
ä	pärn	[æ]	semana
ö	köha	[ø]	orgulhoso
ü	üks	[y]	questionar

Consoantes

b	tablett	[b]	barril
d	delfiin	[d]	dentista
f	faasan	[f]	safári
g	flamingo	[g]	gosto
h	haamer	[h]	[h] aspirada
j	harjumus	[j]	géiser
k	helikopter	[k]	kiwi
l	ingel	[l]	libra
m	magnet	[m]	magnélia
n	nöör	[n]	natureza
p	poolsaar	[p]	presente
r	ripse	[r]	riscar
s	sõprus	[s]	sanita
š	šotlane	[ʃ]	mês
t	tantsima	[t]	tulipa
v	pilves	[ʋ]	fava
z	zookauplus	[z]	sésamo
ž [1]	žonglöör	[ʒ]	voz

Comentários

[1] apenas em estrangeirismos

ABREVIATURAS
usadas no vocabulário

Abreviaturas do Português

adj	-	adjetivo
adv	-	advérbio
anim.	-	animado
conj.	-	conjunção
desp.	-	desporto
etc.	-	etecetra
ex.	-	por exemplo
f	-	nome feminino
f pl	-	feminino plural
fem.	-	feminino
inanim.	-	inanimado
m	-	nome masculino
m pl	-	masculino plural
m, f	-	masculino, feminino
masc.	-	masculino
mat.	-	matemática
mil.	-	militar
pl	-	plural
prep.	-	preposição
pron.	-	pronome
sb.	-	sobre
sing.	-	singular
v aux	-	verbo auxiliar
vi	-	verbo intransitivo
vi, vt	-	verbo intransitivo, transitivo
vr	-	verbo reflexivo
vt	-	verbo transitivo

CONCEITOS BÁSICOS

1. Pronomes

eu	mina	[mina]
tu	sina	[sina]
ele	tema	[tema]
ela	tema	[tema]
ele, ela (neutro)	see	[se:]
nós	meie	[meje]
vocês	teie	[teje]
eles, elas	nemad	[nemat]

2. Cumprimentos. Saudações

Olá!	Tere!	[tere!]
Bom dia! (formal)	Tere!	[tere!]
Bom dia! (de manhã)	Tere hommikust!	[tere hommikusʲt!]
Boa tarde!	Tere päevast!	[tere pæəʋasʲt!]
Boa noite!	Tere õhtust!	[tere ɜhtusʲt!]
cumprimentar (vt)	teretama	[teretama]
Olá!	Tervist!	[terʋisʲt!]
saudação (f)	tervitus	[terʋitus]
saudar (vt)	tervitama	[terʋitama]
Como vai?	Kuidas läheb?	[kuidas lʲæheb?]
O que há de novo?	Mis uudist?	[mis u:disʲt?]
Até à vista!	Nägemist!	[nægemisʲt!]
Até breve!	Kohtumiseni!	[kohtumiseni!]
Adeus!	Hüvasti!	[hʉʋasʲti!]
despedir-se (vr)	hüvasti jätma	[hʉʋasʲti jætma]
Até logo!	Hüva!	[hʉʋa!]
Obrigado! -a!	Aitäh!	[aitæh!]
Muito obrigado! -a!	Suur tänu!	[su:r tænu!]
De nada	Palun.	[palun]
Não tem de quê	Pole tänu väärt.	[pole tænu ʋæ:rt]
De nada	Pole tänu väärt.	[pole tænu ʋæ:rt]
Desculpa!	Vabanda!	[ʋabanda!]
Desculpe!	Vabandage!	[ʋabandage!]
desculpar (vt)	vabandama	[ʋabandama]
desculpar-se (vr)	vabandama	[ʋabandama]
As minhas desculpas	Minu kaastunne	[minu ka:sʲtunne]

11

Desculpe!	Andke andeks!	[andke andeks!]
perdoar (vt)	andeks andma	[andeks andma]
Não faz mal	Pole hullu!	[pole hulʲu]
por favor	palun	[palun]

Não se esqueça!	Pidage meeles!	[pidage me:les!]
Certamente! Claro!	Muidugi!	[mujdugi!]
Claro que não!	Muidugi mitte!	[mujdugi mitte!]
Está bem! De acordo!	Ma olen nõus!	[ma olen nʒus!]
Basta!	Aitab küll!	[aitab kulʲ!]

3. Questões

Quem?	Kes?	[kes?]
Que?	Mis?	[mis?]
Onde?	Kus?	[kus?]
Para onde?	Kuhu?	[kuhu?]
De onde?	Kust?	[kusʲt?]
Quando?	Millal?	[milʲæl?]
Para quê?	Milleks?	[milʲeks?]
Porquê?	Miks?	[miks?]

Para quê?	Mille jaoks?	[milʲe jaoks?]
Como?	Kuidas?	[kuidas?]
Qual?	Missugune?	[missugune?]
Qual? (entre dois ou mais)	Mis?	[mis?]

A quem?	Kellele?	[kelʲele?]
Sobre quem?	Kellest?	[kelʲesʲt?]
Do quê?	Millest?	[milʲesʲt?]
Com quem?	Kellega?	[kelʲega?]

Quantos? -as?	Mitu?	[mitu?]
Quanto?	Kui palju?	[kui palju?]
De quem?	Kelle?	[kelʲe?]

4. Preposições

com (prep.)	koos	[ko:s]
sem (prep.)	ilma	[ilʲma]
a, para (exprime lugar)	sisse	[sisse]
sobre (ex. falar ~)	kohta	[kohta]
antes de ...	enne	[enne]
diante de ...	ees	[e:s]

sob (debaixo de)	all	[alʲ]
sobre (em cima de)	kohal	[kohalʲ]
sobre (~ a mesa)	peal	[pealʲ]
de (vir ~ Lisboa)	seest	[se:sʲt]
de (feito ~ pedra)	millest tehtud	[milʲesʲt tehtut]
dentro de (~ dez minutos)	pärast	[pærasʲt]
por cima de ...	läbi	[lʲæbi]

5. Palavras funcionais. Advérbios. Parte 1

Onde?	Kus?	[kus?]
aqui	siin	[si:n]
lá, ali	seal	[sealʲ]

em algum lugar	kuskil	[kuskilʲ]
em lugar nenhum	mitte kuskil	[mitte kuskilʲ]

ao pé de ...	juures	[ju:res]
ao pé da janela	akna juures	[akna ju:res]

Para onde?	Kuhu?	[kuhu?]
para cá	siia	[si:a]
para lá	sinna	[sinna]
daqui	siit	[si:t]
de lá, dali	sealt	[sealʲt]

perto	lähedal	[lʲæhedalʲ]
longe	kaugel	[kaugelʲ]

perto de ...	kõrval	[kɜrualʲ]
ao lado de	lähedal	[lʲæhedalʲ]
perto, não fica longe	lähedale	[lʲæhedale]

esquerdo	vasak	[uasak]
à esquerda	vasakul	[uasakulʲ]
para esquerda	vasakule	[uasakule]

direito	parem	[parem]
à direita	paremal	[paremalʲ]
para direita	paremale	[paremale]

à frente	eest	[e:sʲt]
da frente	eesmine	[e:smine]
em frente (para a frente)	edasi	[edasi]

atrás de ...	taga	[taga]
por detrás (vir ~)	tagant	[tagant]
para trás	tagasi	[tagasi]

meio (m), metade (f)	keskkoht	[keskkoht]
no meio	keskel	[keskelʲ]

de lado	kõrvalt	[kɜrualʲt]
em todo lugar	igal pool	[igalʲ po:lʲ]
ao redor (olhar ~)	ümberringi	[umberringi]

de dentro	seest	[se:sʲt]
para algum lugar	kuhugi	[kuhugi]
diretamente	otse	[otse]
de volta	tagasi	[tagasi]

de algum lugar	kuskilt	[kuskilʲt]
de um lugar	kuskilt	[kuskilʲt]

em primeiro lugar	esiteks	[esiteks]
em segundo lugar	teiseks	[tejseks]
em terceiro lugar	kolmandaks	[kolʲmandaks]

de repente	äkki	[ækki]
no início	alguses	[alʲguses]
pela primeira vez	esimest korda	[esimesʲt korda]
muito antes de ...	enne ...	[enne ...]
de novo, novamente	uuesti	[u:esʲti]
para sempre	päriseks	[pæriseks]

nunca	mitte kunagi	[mitte kunagi]
de novo	jälle	[jælʲe]
agora	nüüd	[nʉ:t]
frequentemente	sageli	[sageli]
então	siis	[si:s]
urgentemente	kiiresti	[ki:resʲti]
usualmente	tavaliselt	[taʋaliselʲt]

a propósito, ...	muuseas, ...	[mu:seas, ...]
é possível	võimalik	[ʋɤimalik]
provavelmente	tõenäoliselt	[tɜenæoliselʲt]
talvez	võib olla	[ʋɤib olʲæ]
além disso, ...	peale selle ...	[peale selʲe ...]
por isso ...	sellepärast	[selʲepærasʲt]
apesar de ...	... vaatamata	[... ʋa:tamata]
graças a ...	tänu ...	[tænu ...]

que (pron.)	mis	[mis]
que (conj.)	et	[et]
algo	miski	[miski]
alguma coisa	miski	[miski]
nada	mitte midagi	[mitte midagi]

quem	kes	[kes]
alguém (~ teve uma ideia ...)	keegi	[ke:gi]
alguém	keegi	[ke:gi]

ninguém	mitte keegi	[mitte ke:gi]
para lugar nenhum	mitte kuhugi	[mitte kuhugi]
de ninguém	ei kellegi oma	[ej kelʲegi oma]
de alguém	kellegi oma	[kelʲegi oma]

tão	nii	[ni:]
também (gostaria ~ de ...)	samuti	[samuti]
também (~ eu)	ka	[ka]

6. Palavras funcionais. Advérbios. Parte 2

Porquê?	Miks?	[miks?]
por alguma razão	millegi pärast	[milʲegi pærasʲt]
porque ...	sest ...	[sesʲt ...]
por qualquer razão	millekski	[milʲekski]
e (tu ~ eu)	ja	[ja]

ou (ser ~ não ser)	või	[vɔi]
mas (porém)	kuid	[kuit]
para (~ a minha mãe)	jaoks	[jaoks]
demasiado, muito	liiga	[liːga]
só, somente	ainult	[ainulʲt]
exatamente	täpselt	[tæpselʲt]
cerca de (~ 10 kg)	umbes	[umbes]
aproximadamente	ligikaudu	[ligikaudu]
aproximado	ligikaudne	[ligikaudne]
quase	peaaegu	[peaːegu]
resto (m)	ülejäänud	[ʉlejæːnut]
o outro (segundo)	teine	[tejne]
outro	teiste	[tejsʲte]
cada	iga	[iga]
qualquer	mis tahes	[mis tahes]
muito	palju	[palju]
muitas pessoas	paljud	[paljut]
todos	kõik	[kɔik]
em troca de ...	... vastu	[... vasʲtu]
em troca	asemele	[asemele]
à mão	käsitsi	[kæsitsi]
pouco provável	vaevalt	[vaeʋalʲt]
provavelmente	vist	[visʲt]
de propósito	meelega	[meːlega]
por acidente	juhuslikult	[juhuslikulʲt]
muito	väga	[ʋæga]
por exemplo	näiteks	[næjteks]
entre	vahel	[ʋahelʲ]
entre (no meio de)	keskel	[keskelʲ]
tanto	niipalju	[niːpalju]
especialmente	eriti	[eriti]

15

NÚMEROS. DIVERSOS

7. Números cardinais. Parte 1

zero	null	[nulʲ]
um	üks	[ʉks]
dois	kaks	[kaks]
três	kolm	[kolʲm]
quatro	neli	[neli]

cinco	viis	[ʋi:s]
seis	kuus	[ku:s]
sete	seitse	[sejtse]
oito	kaheksa	[kaheksa]
nove	üheksa	[ʉheksa]

dez	kümme	[kʉmme]
onze	üksteist	[ʉksʲtejsʲt]
doze	kaksteist	[kaksʲtejsʲt]
treze	kolmteist	[kolʲmtejsʲt]
catorze	neliteist	[nelitejsʲt]

quinze	viisteist	[ʋi:sʲtejsʲt]
dezasseis	kuusteist	[ku:sʲtejsʲt]
dezassete	seitseteist	[sejtsetejsʲt]
dezoito	kaheksateist	[kaheksatejsʲt]
dezanove	üheksateist	[ʉheksatejsʲt]

vinte	kakskümmend	[kakskʉmment]
vinte e um	kakskümmend üks	[kakskʉmment ʉks]
vinte e dois	kakskümmend kaks	[kakskʉmment kaks]
vinte e três	kakskümmend kolm	[kakskʉmment kolʲm]

trinta	kolmkümmend	[kolʲmkʉmment]
trinta e um	kolmkümmend üks	[kolʲmkʉmment ʉks]
trinta e dois	kolmkümmend kaks	[kolʲmkʉmment kaks]
trinta e três	kolmkümmend kolm	[kolʲmkʉmment kolʲm]

quarenta	nelikümmend	[nelikʉmment]
quarenta e um	nelikümmend üks	[nelikʉmment ʉks]
quarenta e dois	nelikümmend kaks	[nelikʉmment kaks]
quarenta e três	nelikümmend kolm	[nelikʉmment kolʲm]

cinquenta	viiskümmend	[ʋi:skʉmment]
cinquenta e um	viiskümmend üks	[ʋi:skʉmment ʉks]
cinquenta e dois	viiskümmend kaks	[ʋi:skʉmment kaks]
cinquenta e três	viiskümmend kolm	[ʋi:skʉmment kolʲm]

sessenta	kuuskümmend	[ku:skʉmment]
sessenta e um	kuuskümmend üks	[ku:skʉmment ʉks]

sessenta e dois	kuuskümmend kaks	[ku:skʉmment kaks]
sessenta e três	kuuskümmend kolm	[ku:skʉmment kolʲm]
setenta	seitsekümmend	[sejtsekʉmment]
setenta e um	seitsekümmend üks	[sejtsekʉmment ʉks]
setenta e dois	seitsekümmend kaks	[sejtsekʉmment kaks]
setenta e três	seitsekümmend kolm	[sejtsekʉmment kolʲm]
oitenta	kaheksakümmend	[kaheksakʉmment]
oitenta e um	kaheksakümmend üks	[kaheksakʉmment ʉks]
oitenta e dois	kaheksakümmend kaks	[kaheksakʉmment kaks]
oitenta e três	kaheksakümmend kolm	[kaheksakʉmment kolʲm]
noventa	üheksakümmend	[ʉheksakʉmment]
noventa e um	üheksakümmend üks	[ʉheksakʉmment ʉks]
noventa e dois	üheksakümmend kaks	[ʉheksakʉmment kaks]
noventa e três	üheksakümmend kolm	[ʉheksakʉmment kolʲm]

8. Números cardinais. Parte 2

cem	sada	[sada]
duzentos	kakssada	[kakssada]
trezentos	kolmsada	[kolʲmsada]
quatrocentos	nelisada	[nelisada]
quinhentos	viissada	[ʋi:ssada]
seiscentos	kuussada	[ku:ssada]
setecentos	seitsesada	[sejtsesada]
oitocentos	kaheksasada	[kaheksasada]
novecentos	üheksasada	[ʉheksasada]
mil	tuhat	[tuhat]
dois mil	kaks tuhat	[kaks tuhat]
De quem são ...?	kolm tuhat	[kolʲm tuhat]
dez mil	kümme tuhat	[kʉmme tuhat]
cem mil	sada tuhat	[sada tuhat]
um milhão	miljon	[miljon]
mil milhões	miljard	[miljart]

9. Números ordinais

primeiro	esimene	[esimene]
segundo	teine	[tejne]
terceiro	kolmas	[kolʲmas]
quarto	neljas	[neljas]
quinto	viies	[ʋi:es]
sexto	kuues	[ku:es]
sétimo	seitsmes	[sejtsmes]
oitavo	kaheksas	[kaheksas]
nono	üheksas	[ʉheksas]
décimo	kümnes	[kʉmnes]

CORES. UNIDADES DE MEDIDA

10. Cores

cor (f)	värv	[ʋæru]
matiz (m)	varjund	[ʋarjunt]
tom (m)	toon	[to:n]
arco-íris (m)	vikerkaar	[ʋikerka:r]
branco	valge	[ʋalʲge]
preto	must	[musʲt]
cinzento	hall	[halʲ]
verde	roheline	[roheline]
amarelo	kollane	[kolʲæne]
vermelho	punane	[punane]
azul	sinine	[sinine]
azul claro	helesinine	[helesinine]
rosa	roosa	[ro:sa]
laranja	oranž	[oranʒ]
violeta	violetne	[ʋioletne]
castanho	pruun	[pru:n]
dourado	kuldne	[kulʲdne]
prateado	hõbedane	[hɜbedane]
bege	beež	[be:ʒ]
creme	kreemjas	[kre:mjas]
turquesa	türkiissinine	[tʉrki:ssinine]
vermelho cereja	kirsipunane	[kirsipunane]
lilás	lilla	[lilʲæ]
carmesim	vaarikpunane	[ʋa:rikpunane]
claro	hele	[hele]
escuro	tume	[tume]
vivo	erk	[erk]
de cor	värvipliiats	[ʋæruipli:ats]
a cores	värvi-	[ʋæroi-]
preto e branco	must-valge	[musʲt-ʋalʲge]
unicolor	ühevärviline	[ʉheʋæruiline]
multicor	mitmevärviline	[mitmeʋæruiline]

11. Unidades de medida

peso (m)	kaal	[ka:lʲ]
comprimento (m)	pikkus	[pikkus]

largura (f)	laius	[laius]
altura (f)	kõrgus	[kɜrgus]
profundidade (f)	sügavus	[sʉgaʋus]
volume (m)	maht	[maht]
área (f)	pindala	[pindala]

grama (m)	gramm	[gramm]
miligrama (m)	milligramm	[milʲigramm]
quilograma (m)	kilogramm	[kilogramm]
tonelada (f)	tonn	[tonn]
libra (453,6 gramas)	nael	[naelʲ]
onça (f)	unts	[unts]

metro (m)	meeter	[meːter]
milímetro (m)	millimeeter	[milʲimeːter]
centímetro (m)	sentimeeter	[sentimeːter]
quilómetro (m)	kilomeeter	[kilomeːter]
milha (f)	miil	[miːlʲ]

polegada (f)	toll	[tolʲ]
pé (304,74 mm)	jalg	[jalʲg]
jarda (914,383 mm)	jard	[jart]

metro (m) quadrado	ruutmeeter	[ruːtmeːter]
hectare (m)	hektar	[hektar]

litro (m)	liiter	[liːter]
grau (m)	kraad	[kraːt]
volt (m)	volt	[ʋolʲt]
ampere (m)	amper	[amper]
cavalo-vapor (m)	hobujõud	[hobujɜut]

quantidade (f)	hulk	[hulʲk]
um pouco de …	veidi …	[ʋejdi …]
metade (f)	pool	[poːlʲ]
dúzia (f)	tosin	[tosin]
peça (f)	tükk	[tʉkk]

dimensão (f)	suurus	[suːrus]
escala (f)	mastaap	[masʲtaːp]

mínimo	minimaalne	[minimaːlʲne]
menor, mais pequeno	kõige väiksem	[kɜige ʋæjksem]
médio	keskmine	[keskmine]
máximo	maksimaalne	[maksimaːlʲne]
maior, mais grande	kõige suurem	[kɜige suːrem]

12. Recipientes

boião (m) de vidro	klaaspurk	[klaːspurk]
lata (~ de cerveja)	plekkpurk	[plekkpurk]
balde (m)	ämber	[æmber]
barril (m)	tünn	[tʉnn]
bacia (~ de plástico)	pesukauss	[pesukauss]

tanque (m)	paak	[pa:k]
cantil (m) de bolso	plasku	[plasku]
bidão (m) de gasolina	kanister	[kanisʲter]
cisterna (f)	tsistern	[tsisʲtern]

caneca (f)	kruus	[kru:s]
chávena (f)	tass	[tass]
pires (m)	alustass	[alusʲtass]
copo (m)	klaas	[kla:s]
taça (f) de vinho	veiniklaas	[ʋejnikla:s]
panela, caçarola (f)	pott	[pott]

garrafa (f)	pudel	[pudelʲ]
gargalo (m)	pudelikael	[pudelikaelʲ]

jarro, garrafa (f)	karahvin	[karahʋin]
jarro (m) de barro	kann	[kann]
recipiente (m)	nõu	[nɜu]
pote (m)	pott	[pott]
vaso (m)	vaas	[ʋa:s]

frasco (~ de perfume)	pudel	[pudelʲ]
frasquinho (ex. ~ de iodo)	rohupudel	[rohupudelʲ]
tubo (~ de pasta dentífrica)	tuub	[tu:b]

saca (ex. ~ de açúcar)	kott	[kott]
saco (~ de plástico)	kilekott	[kilekott]
maço (m)	pakk	[pakk]

caixa (~ de sapatos, etc.)	karp	[karp]
caixa (~ de madeira)	kast	[kasʲt]
cesta (f)	korv	[korʋ]

VERBOS PRINCIPAIS

13. Os verbos mais importantes. Parte 1

abrir (vt)	lahti tegema	[lahti tegema]
acabar, terminar (vt)	lõpetama	[lɜpetama]
aconselhar (vt)	soovitama	[soːʋitama]
adivinhar (vt)	ära arvama	[æra arʋama]
advertir (vt)	hoiatama	[hojatama]

ajudar (vt)	aitama	[aitama]
almoçar (vi)	lõunat sööma	[lɜunat søːma]
alugar (~ um apartamento)	üürima	[ɯːrima]
amar (vt)	armastama	[armasʲtama]
ameaçar (vt)	ähvardama	[æhʋardama]

anotar (escrever)	üles kirjutama	[ɯles kirjutama]
apanhar (vt)	püüdma	[pɯːdma]
apressar-se (vr)	kiirustama	[kiːrusʲtama]
arrepender-se (vr)	kahetsema	[kahetsema]
assinar (vt)	allkirjastama	[alʲkirjasʲtama]

atirar, disparar (vi)	tulistama	[tulisʲtama]
brincar (vi)	nalja tegema	[nalja tegema]
brincar, jogar (crianças)	mängima	[mæŋgima]
buscar (vt)	otsima ...	[otsima ...]
caçar (vi)	jahil käima	[jahilʲ kæjma]
cair (vi)	kukkuma	[kukkuma]
cavar (vt)	kaevama	[kaeʋama]
cessar (vt)	katkestama	[katkesʲtama]
chamar (~ por socorro)	kutsuma	[kutsuma]
chegar (vi)	saabuma	[saːbuma]
chorar (vi)	nutma	[nutma]

comparar (vt)	võrdlema	[ʋɜrtlema]
compreender (vt)	aru saama	[aru saːma]
concordar (vi)	nõustuma	[nɜusʲtuma]
confiar (vt)	usaldama	[usalʲdama]

confundir (equivocar-se)	segi ajama	[segi ajama]
conhecer (vt)	tundma	[tundma]
contar (fazer contas)	lugema	[lugema]
contar com (esperar)	lootma ...	[loːtma ...]
continuar (vt)	jätkama	[jætkama]

controlar (vt)	kontrollima	[kontrolʲima]
convidar (vt)	kutsuma	[kutsuma]
correr (vi)	jooksma	[joːksma]
criar (vt)	looma	[loːma]
custar (vt)	maksma	[maksma]

14. Os verbos mais importantes. Parte 2

dar (vt)	andma	[andma]
dar uma dica	vihjama	[ʋihjama]
decorar (enfeitar)	ehtima	[ehtima]
defender (vt)	kaitsma	[kaitsma]
deixar cair (vt)	pillama	[pilʲæma]
descer (para baixo)	laskuma	[laskuma]
desculpar (vt)	vabandama	[ʋabandama]
desculpar-se (vr)	vabandama	[ʋabandama]
dirigir (~ uma empresa)	juhtima	[juhtima]
discutir (notícias, etc.)	arutama	[arutama]
dizer (vt)	ütlema	[ʉtlema]
duvidar (vt)	kahtlema	[kahtlema]
encontrar (achar)	leidma	[lejdma]
enganar (vt)	petma	[petma]
entrar (na sala, etc.)	sisse tulema	[sisse tulema]
enviar (uma carta)	saatma	[sa:tma]
errar (equivocar-se)	eksima	[eksima]
escolher (vt)	valima	[ʋalima]
esconder (vt)	peitma	[pejtma]
escrever (vt)	kirjutama	[kirjutama]
esperar (o autocarro, etc.)	ootama	[o:tama]
esperar (ter esperança)	lootma	[lo:tma]
esquecer (vt)	unustama	[unusʲtama]
estudar (vt)	uurima	[u:rima]
exigir (vt)	nõudma	[nɜudma]
existir (vi)	olemas olema	[olemas olema]
explicar (vt)	seletama	[seletama]
falar (vi)	rääkima	[ræ:kima]
faltar (clases, etc.)	puuduma	[pu:duma]
fazer (vt)	tegema	[tegema]
ficar em silêncio	vaikima	[ʋaikima]
gabar-se, jactar-se (vr)	kiitlema	[ki:tlema]
gostar (apreciar)	meeldima	[me:lʲdima]
gritar (vi)	karjuma	[karjuma]
guardar (cartas, etc.)	säilitama	[sæjlitama]
informar (vt)	teavitama	[teaʋitama]
insistir (vi)	nõudma	[nɜudma]
insultar (vt)	solvama	[solʲʋama]
interessar-se (vr)	huvi tundma	[huʋi tundma]
ir (a pé)	minema	[minema]
ir nadar	suplema	[suplema]
jantar (vi)	õhtust sööma	[ɜhtusʲt sø:ma]

15. Os verbos mais importantes. Parte 3

ler (vt)	lugema	[lugema]
libertar (cidade, etc.)	vabastama	[ʋabasʲtama]

matar (vt)	tapma	[tapma]
mencionar (vt)	meelde tuletama	[me:lʲde tuletama]
mostrar (vt)	näitama	[næjtama]

mudar (modificar)	muutma	[muːtma]
nadar (vi)	ujuma	[ujuma]
negar-se a ...	keelduma	[keːlʲduma]
objetar (vt)	vastu vaidlema	[ʋasʲtu ʋaitlema]

observar (vt)	jälgima	[jælʲgima]
ordenar (mil.)	käskima	[kæskima]
ouvir (vt)	kuulma	[kuːlʲma]
pagar (vt)	maksma	[maksma]
parar (vi)	peatuma	[peatuma]

participar (vi)	osa võtma	[osa ʋɜtma]
pedir (comida)	tellima	[telʲima]
pedir (um favor, etc.)	paluma	[paluma]
pegar (tomar)	võtma	[ʋɜtma]
pensar (vt)	mõtlema	[mɜtlema]

perceber (ver)	märkama	[mærkama]
perdoar (vt)	andeks andma	[andeks andma]
perguntar (vt)	küsima	[kʉsima]
permitir (vt)	lubama	[lubama]
pertencer a ...	kuuluma	[kuːluma]

planear (vt)	planeerima	[planeːrima]
poder (vi)	võima	[ʋɜima]
possuir (vt)	valdama	[ʋalʲdama]
preferir (vt)	eelistama	[eːlisʲtama]
preparar (vt)	süüa tegema	[sʉːa tegema]

prever (vt)	ette nägema	[ette nægema]
prometer (vt)	lubama	[lubama]
pronunciar (vt)	hääldama	[hæːlʲdama]
propor (vt)	pakkuma	[pakkuma]
punir (castigar)	karistama	[karisʲtama]

16. Os verbos mais importantes. Parte 4

quebrar (vt)	murdma	[murdma]
queixar-se (vr)	kaebama	[kaebama]
querer (desejar)	tahtma	[tahtma]
recomendar (vt)	soovitama	[soːʋitama]
repetir (dizer outra vez)	kordama	[kordama]

repreender (vt)	sõimama	[sɜimama]
reservar (~ um quarto)	reserveerima	[reserʋeːrima]
responder (vt)	vastama	[ʋasʲtama]
rezar, orar (vi)	palvetama	[palʲʋetama]
rir (vi)	naerma	[naerma]
roubar (vt)	varastama	[ʋarasʲtama]
saber (vt)	teadma	[teadma]

sair (~ de casa)	välja tulema	[vælja tulema]
salvar (vt)	päästma	[pæːsʲtma]
seguir ...	järgnema ...	[jærgnema ...]

sentar-se (vr)	istuma	[isʲtuma]
ser necessário	tarvis olema	[tarʋis olema]
ser, estar	olema	[olema]
significar (vt)	tähendama	[tæhendama]

sorrir (vi)	naeratama	[naeratama]
subestimar (vt)	alahindama	[alahindama]
surpreender-se (vr)	imestama	[imesʲtama]
tentar (vt)	proovima	[proːʋima]

ter (vt)	omama	[omama]
ter fome	süüa tahtma	[sʉːa tahtma]
ter medo	kartma	[kartma]
ter sede	juua tahtma	[juːa tahtma]

tocar (com as mãos)	puudutama	[puːdutama]
tomar o pequeno-almoço	hommikust sööma	[hommikusʲt søːma]
trabalhar (vi)	töötama	[tøːtama]
traduzir (vt)	tõlkima	[tɜlʲkima]
unir (vt)	ühendama	[ʉhendama]

vender (vt)	müüma	[mʉːma]
ver (vt)	nägema	[nægema]
virar (ex. ~ à direita)	pöörama	[pøːrama]
voar (vi)	lendama	[lendama]

TEMPO. CALENDÁRIO

17. Dias da semana

segunda-feira (f)	esmaspäev	[esmaspæəu]
terça-feira (f)	teisipäev	[tejsipæəu]
quarta-feira (f)	kolmapäev	[kolʲmapæəu]
quinta-feira (f)	neljapäev	[neljapæəu]
sexta-feira (f)	reede	[re:de]
sábado (m)	laupäev	[laupæəu]
domingo (m)	pühapäev	[pʉhapæəu]
hoje	täna	[tæna]
amanhã	homme	[homme]
depois de amanhã	ülehomme	[ʉlehomme]
ontem	eile	[ejle]
anteontem	üleeile	[ʉle:jle]
dia (m)	päev	[pæəu]
dia (m) de trabalho	tööpäev	[tø:pæəu]
feriado (m)	pidupäev	[pidupæəu]
dia (m) de folga	puhkepäev	[puhkepæəu]
fim (m) de semana	nädalavahetus	[nædalauahetus]
o dia todo	terve päev	[terue pæəu]
no dia seguinte	järgmiseks päevaks	[jærgmiseks pæəuaks]
há dois dias	kaks päeva tagasi	[kaks pæəua tagasi]
na véspera	eile õhtul	[ejle ɜhtulʲ]
diário	igapäevane	[igapæəuane]
todos os dias	iga päev	[iga pæəu]
semana (f)	nädal	[nædalʲ]
na semana passada	möödunud nädalal	[mø:dunut nædalalʲ]
na próxima semana	järgmisel nädalal	[jærgmiselʲ nædalalʲ]
semanal	iganädalane	[iganædalane]
cada semana	igal nädalal	[igalʲ nædalalʲ]
duas vezes por semana	kaks korda nädalas	[kaks korda nædalas]
cada terça-feira	igal teisipäeval	[igalʲ tejsipæəualʲ]

18. Horas. Dia e noite

manhã (f)	hommik	[hommik]
de manhã	hommikul	[hommikulʲ]
meio-dia (m)	keskpäev	[keskpæəu]
à tarde	pärast lõunat	[pærasʲt lɜunat]
noite (f)	õhtu	[ɜhtu]
à noite (noitinha)	õhtul	[ɜhtulʲ]

noite (f)	öö	[ø:]
à noite	öösel	[ø:selʲ]
meia-noite (f)	kesköö	[keskø:]
segundo (m)	sekund	[sekunt]
minuto (m)	minut	[minut]
hora (f)	tund	[tunt]
meia hora (f)	pool tundi	[po:lʲ tundi]
quarto (m) de hora	veerand tundi	[ʋe:rant tundi]
quinze minutos	viisteist minutit	[ʋi:sʲtejsʲt minutit]
vinte e quatro horas	ööpäev	[ø:pæəʋ]
nascer (m) do sol	päikesetõus	[pæjkesetɜus]
amanhecer (m)	koit	[kojt]
madrugada (f)	varahommik	[ʋarahommik]
pôr do sol (m)	loojang	[lo:jang]
de madrugada	hommikul vara	[hommikulʲ ʋara]
hoje de manhã	täna hommikul	[tæna hommikulʲ]
amanhã de manhã	homme hommikul	[homme hommikulʲ]
hoje à tarde	täna päeval	[tæna pæəʋalʲ]
à tarde	pärast lõunat	[pærasʲt lɜunat]
amanhã à tarde	homme pärast lõunat	[homme pærasʲt lɜunat]
hoje à noite	täna õhtul	[tæna ɜhtulʲ]
amanhã à noite	homme õhtul	[homme ɜhtulʲ]
às três horas em ponto	täpselt kell kolm	[tæpselʲt kelʲ kolʲm]
por volta das quatro	umbes kell neli	[umbes kelʲ neli]
às doze	kella kaheteistkümneks	[kelʲæ kahetejsʲtkʉmneks]
dentro de vinte minutos	kahekümne minuti pärast	[kahekʉmne minuti pærasʲt]
dentro duma hora	tunni aja pärast	[tunni aja pærasʲt]
a tempo	õigeks ajaks	[ɜigeks ajaks]
menos um quarto	kolmveerand	[kolʲmʋe:rant]
durante uma hora	tunni aja jooksul	[tunni aja jo:ksulʲ]
a cada quinze minutos	iga viieteist minuti tagant	[iga ʋi:etejsʲt minuti tagant]
as vinte e quatro horas	terve ööpäev	[terʋe ø:pæəʋ]

19. Meses. Estações

janeiro (m)	jaanuar	[ja:nuar]
fevereiro (m)	veebruar	[ʋe:bruar]
março (m)	märts	[mærts]
abril (m)	aprill	[aprilʲ]
maio (m)	mai	[mai]
junho (m)	juuni	[ju:ni]
julho (m)	juuli	[ju:li]
agosto (m)	august	[augusʲt]
setembro (m)	september	[september]
outubro (m)	oktoober	[okto:ber]

novembro (m)	november	[nouember]
dezembro (m)	detsember	[detsember]
primavera (f)	kevad	[keuat]
na primavera	kevadel	[keuadelʲ]
primaveril	kevadine	[keuadine]
verão (m)	suvi	[suui]
no verão	suvel	[suuelʲ]
de verão	suvine	[suuine]
outono (m)	sügis	[sɯgis]
no outono	sügisel	[sɯgiselʲ]
outonal	sügisene	[sɯgisene]
inverno (m)	talv	[talʲu]
no inverno	talvel	[talʲuelʲ]
de inverno	talvine	[talʲuine]
mês (m)	kuu	[ku:]
este mês	selles kuus	[selʲes ku:s]
no próximo mês	järgmises kuus	[jærgmises ku:s]
no mês passado	möödunud kuus	[mø:dunut ku:s]
há um mês	kuu aega tagasi	[ku: aega tagasi]
dentro de um mês	kuu aja pärast	[ku: aja pærasʲt]
dentro de dois meses	kahe kuu pärast	[kahe ku: pærasʲt]
todo o mês	terve kuu	[terue ku:]
um mês inteiro	terve kuu	[terue ku:]
mensal	igakuine	[igakuine]
mensalmente	igas kuus	[igas ku:s]
cada mês	iga kuu	[iga ku:]
duas vezes por mês	kaks korda kuus	[kaks korda ku:s]
ano (m)	aasta	[a:sʲta]
este ano	sel aastal	[selʲ a:sʲtalʲ]
no próximo ano	järgmisel aastal	[jærgmiselʲ a:sʲtalʲ]
no ano passado	möödunud aastal	[mø:dunut a:sʲtalʲ]
há um ano	aasta tagasi	[a:sʲta tagasi]
dentro dum ano	aasta pärast	[a:sʲta pærasʲt]
dentro de 2 anos	kahe aasta pärast	[kahe a:sʲta pærasʲt]
todo o ano	kogu aasta	[kogu a:sʲta]
um ano inteiro	terve aasta	[terue a:sʲta]
cada ano	igal aastal	[igalʲ a:sʲtalʲ]
anual	iga-aastane	[iga-a:sʲtane]
anualmente	igal aastal	[igalʲ a:sʲtalʲ]
quatro vezes por ano	neli korda aastas	[neli korda a:sʲtas]
data (~ de hoje)	kuupäev	[ku:pæəu]
data (ex. ~ de nascimento)	kuupäev	[ku:pæəu]
calendário (m)	kalender	[kalender]
meio ano	pool aastat	[po:lʲ a:sʲtat]
seis meses	poolaasta	[po:la:sʲta]

27

| estação (f) | hooaeg | [ho:aeg] |
| século (m) | sajand | [sajant] |

VIAGENS. HOTEL

20. Viagens

turismo (m)	turism	[turism]
turista (m)	turist	[turisʲt]
viagem (f)	reis	[rejs]
aventura (f)	seiklus	[sejklus]
viagem (f)	sõit	[sɜit]

férias (f pl)	puhkus	[puhkus]
estar de férias	puhkusel olema	[puhkuselʲ olema]
descanso (m)	puhkus	[puhkus]

comboio (m)	rong	[rong]
de comboio (chegar ~)	rongiga	[rongiga]
avião (m)	lennuk	[lennuk]
de avião	lennukiga	[lennukiga]
de carro	autoga	[autoga]
de navio	laevaga	[laeʋaga]

bagagem (f)	pagas	[pagas]
mala (f)	kohver	[kohʋer]
carrinho (m)	pagasikäru	[pagasikæru]

passaporte (m)	pass	[pass]
visto (m)	viisa	[ʋi:sa]
bilhete (m)	pilet	[pilet]
bilhete (m) de avião	lennukipilet	[lennukipilet]

guia (m) de viagem	teejuht	[te:juht]
mapa (m)	kaart	[ka:rt]
local (m), area (f)	ala	[ala]
lugar, sítio (m)	koht	[koht]

exotismo (m)	eksootika	[ekso:tika]
exótico	eksootiline	[ekso:tiline]
surpreendente	üllatav	[ulʲætau]

grupo (m)	grupp	[grupp]
excursão (f)	ekskursioon	[ekskursio:n]
guia (m)	ekskursioonijuht	[ekskursio:nijuht]

21. Hotel

hotel (m)	võõrastemaja	[ʋɜ:rasʲtemaja]
hotel (m)	hotell	[hotelʲ]
motel (m)	motell	[motelʲ]

três estrelas	kolm tärni	[kolˈm tærni]
cinco estrelas	viis tärni	[ʋiːs tærni]
ficar (~ num hotel)	peatuma	[peatuma]
quarto (m)	number	[number]
quarto (m) individual	üheinimesetuba	[ʉhejnimesetuba]
quarto (m) duplo	kaheinimesetuba	[kahejnimesetuba]
reservar um quarto	tuba kinni panema	[tuba kinni panema]
meia pensão (f)	poolpansion	[poːlˈpansion]
pensão (f) completa	täispansion	[tæjspansion]
com banheira	vannitoaga	[ʋannitoaga]
com duche	dušiga	[duʃiga]
televisão (m) satélite	satelliittelevisioon	[satelˈliːtteleʋisioːn]
ar (m) condicionado	konditsioneer	[konditsioneːr]
toalha (f)	käterätik	[kæteraetik]
chave (f)	võti	[ʋɔti]
administrador (m)	administraator	[adminisˈtraːtor]
camareira (f)	toatüdruk	[toatʉdruk]
bagageiro (m)	pakikandja	[pakikandja]
porteiro (m)	uksehoidja	[uksehojdja]
restaurante (m)	restoran	[resˈtoran]
bar (m)	baar	[baːr]
pequeno-almoço (m)	hommikusöök	[hommikusøːk]
jantar (m)	õhtusöök	[ɜhtusøːk]
buffet (m)	rootsi laud	[roːtsi laut]
hall (m) de entrada	vestibüül	[ʋesˈtibʉːlˈ]
elevador (m)	lift	[lift]
NÃO PERTURBE	MITTE SEGADA	[mitte segada]
PROIBIDO FUMAR!	MITTE SUITSETADA!	[mitte suitsetada!]

22. Turismo

monumento (m)	mälestussammas	[mælesˈtussammas]
fortaleza (f)	kindlus	[kintlus]
palácio (m)	loss	[loss]
castelo (m)	loss	[loss]
torre (f)	torn	[tɔrn]
mausoléu (m)	mausoleum	[mausoleum]
arquitetura (f)	arhitektuur	[arhitektuːr]
medieval	keskaegne	[keskaegne]
antigo	vanaaegne	[ʋanaːegne]
nacional	rahvuslik	[rahʋuslik]
conhecido	tuntud	[tuntut]
turista (m)	turist	[turisˈt]
guia (pessoa)	giid	[giːt]
excursão (f)	ekskursioon	[ekskursioːn]
mostrar (vt)	näitama	[næjtama]

contar (vt)	jutustama	[jutusʲtama]
encontrar (vt)	leidma	[lejdma]
perder-se (vr)	ära kaduma	[æra kaduma]
mapa (~ do metrô)	skeem	[ske:m]
mapa (~ da cidade)	plaan	[pla:n]

lembrança (f), presente (m)	suveniir	[suʋeni:r]
loja (f) de presentes	suveniirikauplus	[suʋeni:rikauplus]
fotografar (vt)	pildistama	[pilʲdisʲtama]
fotografar-se	laskma pildistada	[laskma pilʲdisʲtada]

TRANSPORTES

23. Aeroporto

aeroporto (m)	lennujaam	[lennuja:m]
avião (m)	lennuk	[lennuk]
companhia (f) aérea	lennukompanii	[lennukompani:]
controlador (m)	dispetšer	[dispetʃer]
de tráfego aéreo		
partida (f)	väljalend	[ʋæljalent]
chegada (f)	saabumine	[sa:bumine]
chegar (~ de avião)	saabuma	[sa:buma]
hora (f) de partida	väljalennuaeg	[ʋæljalennuaeg]
hora (f) de chegada	saabumisaeg	[sa:bumisaeg]
estar atrasado	hilinema	[hilinema]
atraso (m) de voo	väljalend hilineb	[ʋæljalent hilineb]
painel (m) de informação	teadetetabloo	[teadetetablo:]
informação (f)	teave	[teaʋe]
anunciar (vt)	teatama	[teatama]
voo (m)	reis	[rejs]
alfândega (f)	toll	[tolʲ]
funcionário (m) da alfândega	tolliametnik	[tolʲiametnik]
declaração (f) alfandegária	deklaratsioon	[deklaratsio:n]
preencher (vt)	täitma	[tæjtma]
preencher a declaração	deklaratsiooni täitma	[deklaratsio:ni tæjtma]
controlo (m) de passaportes	passikontroll	[passikontrolʲ]
bagagem (f)	pagas	[pagas]
bagagem (f) de mão	käsipakid	[kæsipakit]
carrinho (m)	pagasikäru	[pagasikæru]
aterragem (f)	maandumine	[ma:ndumine]
pista (f) de aterragem	maandumisrada	[ma:ndumisrada]
aterrar (vi)	maanduma	[ma:nduma]
escada (f) de avião	lennukitrepp	[lennukitrepp]
check-in (m)	registreerimine	[regisʲtre:rimine]
balcão (m) do check-in	registreerimiselett	[regisʲtre:rimiselett]
fazer o check-in	registreerima	[regisʲtre:rima]
cartão (m) de embarque	lennukissemineku talong	[lennukissemineku talong]
porta (f) de embarque	lennukisse minek	[lennukisse minek]
trânsito (m)	transiit	[transi:t]
esperar (vi, vt)	ootama	[o:tama]

sala (f) de espera	ooteruum	[o:teru:m]
despedir-se de ...	saatma	[sa:tma]
despedir-se (vr)	hüvasti jätma	[huʋasʲti jætma]

24. Avião

avião (m)	lennuk	[lennuk]
bilhete (m) de avião	lennukipilet	[lennukipilet]
companhia (f) aérea	lennukompanii	[lennukompani:]
aeroporto (m)	lennujaam	[lennuja:m]
supersónico	ülehelikiiruse	[uleheliki:ruse]

comandante (m) do avião	lennukikomandör	[lennukikomandør]
tripulação (f)	meeskond	[me:skont]
piloto (m)	piloot	[pilo:t]
hospedeira (f) de bordo	stjuardess	[sʲtjuardess]
copiloto (m)	tüürimees	[tu:rime:s]

asas (f pl)	tiivad	[ti:ʋat]
cauda (f)	saba	[saba]
cabine (f) de pilotagem	kabiin	[kabi:n]
motor (m)	mootor	[mo:tor]

| trem (m) de aterragem | telik | [telik] |
| turbina (f) | turbiin | [turbi:n] |

| hélice (f) | propeller | [propelʲer] |
| caixa-preta (f) | must kast | [musʲt kasʲt] |

| coluna (f) de controlo | tüür | [tu:r] |
| combustível (m) | kütus | [kutus] |

instruções (f pl) de segurança	instruktsioon	[insʲtruktsio:n]
máscara (f) de oxigénio	hapnikumask	[hapnikumask]
uniforme (m)	vormiriietus	[ʋormiri:etus]

| colete (m) salva-vidas | päästevest | [pæ:sʲteʋesʲt] |
| paraquedas (m) | langevari | [langeʋari] |

descolagem (f)	õhkutõusmine	[ɜhkutɜusmine]
descolar (vi)	õhku tõusma	[ɜhku tɜusma]
pista (f) de descolagem	tõusurada	[tɜusurada]

| visibilidade (f) | nähtavus | [næhtaʋus] |
| voo (m) | lend | [lent] |

| altura (f) | kõrgus | [kɜrgus] |
| poço (m) de ar | õhuauk | [ɜhuauk] |

assento (m)	koht	[koht]
auscultadores (m pl)	kõrvaklapid	[kɜrʋaklapit]
mesa (f) rebatível	klapplaud	[klapplaut]
vigia (f)	illuminaator	[ilʲumina:tor]
passagem (f)	vahekäik	[ʋahekæjk]

25. Comboio

comboio (m)	rong	[rong]
comboio (m) suburbano	elektrirong	[elektrirong]
comboio (m) rápido	kiirrong	[ki:rrong]
locomotiva (f) diesel	mootorvedur	[mo:torvedur]
locomotiva (f) a vapor	auruvedur	[auruvedur]
carruagem (f)	vagun	[vagun]
carruagem restaurante (f)	restoranvagun	[res'toranvagun]
carris (m pl)	rööpad	[rø:pat]
caminho de ferro (m)	raudtee	[raudte:]
travessa (f)	liiper	[li:per]
plataforma (f)	platvorm	[platvorm]
linha (f)	tee	[te:]
semáforo (m)	semafor	[semafor]
estação (f)	jaam	[ja:m]
maquinista (m)	vedurijuht	[vedurijuht]
bagageiro (m)	pakikandja	[pakikandja]
hospedeiro, -a	vagunisaatja	[vagunisa:tja]
(da carruagem)		
passageiro (m)	reisija	[rejsija]
revisor (m)	kontrolör	[kontrolør]
corredor (m)	koridor	[koridor]
freio (m) de emergência	hädapidur	[hædapidur]
compartimento (m)	kupee	[kupe:]
cama (f)	nari	[nari]
cama (f) de cima	ülemine nari	[ʉlemine nari]
cama (f) de baixo	alumine nari	[alumine nari]
roupa (f) de cama	voodipesu	[vo:dipesu]
bilhete (m)	pilet	[pilet]
horário (m)	sõiduplaan	[sɔidupla:n]
painel (m) de informação	tabloo	[tablo:]
partir (vt)	väljuma	[væljuma]
partida (f)	väljumine	[væljumine]
chegar (vi)	saabuma	[sa:buma]
chegada (f)	saabumine	[sa:bumine]
chegar de comboio	rongiga saabuma	[rongiga sa:buma]
apanhar o comboio	rongile minema	[rongile minema]
sair do comboio	rongilt maha minema	[rongil't maha minema]
acidente (m) ferroviário	rongiõnnetus	[rongiɔnnetus]
descarrilar (vi)	rööbastelt maha jooksma	[rø:bas'tel't maha jo:ksma]
locomotiva (f) a vapor	auruvedur	[auruvedur]
fogueiro (m)	kütja	[kʉtja]
fornalha (f)	kolle	[kol'e]
carvão (m)	süsi	[susi]

26. Barco

navio (m)	laev	[laeʋ]
embarcação (f)	laev	[laeʋ]
vapor (m)	aurik	[aurik]
navio (m)	mootorlaev	[mo:torlaeʋ]
transatlântico (m)	liinilaev	[li:nilaeʋ]
cruzador (m)	ristleja	[risʲtleja]
iate (m)	jaht	[jaht]
rebocador (m)	puksiir	[puksi:r]
barcaça (f)	lodi	[lodi]
ferry (m)	parvlaev	[parʋlaeʋ]
veleiro (m)	purjelaev	[purjelaeʋ]
bergantim (m)	brigantiin	[briganti:n]
quebra-gelo (m)	jäälõhkuja	[jæ:lɜhkuja]
submarino (m)	allveelaev	[alʲʋe:laeʋ]
bote, barco (m)	paat	[pa:t]
bote, dingue (m)	luup	[lu:p]
bote (m) salva-vidas	päästepaat	[pæ:sʲtepa:t]
lancha (f)	kaater	[ka:ter]
capitão (m)	kapten	[kapten]
marinheiro (m)	madrus	[madrus]
marujo (m)	meremees	[mereme:s]
tripulação (f)	meeskond	[me:skont]
contramestre (m)	pootsman	[po:tsman]
grumete (m)	junga	[junga]
cozinheiro (m) de bordo	kokk	[kokk]
médico (m) de bordo	laevaarst	[laeʋa:rsʲt]
convés (m)	tekk	[tekk]
mastro (m)	mast	[masʲt]
vela (f)	puri	[puri]
porão (m)	trümm	[trʉmm]
proa (f)	vöör	[ʋøː r]
popa (f)	ahter	[ahter]
remo (m)	aer	[aer]
hélice (f)	kruvi	[kruʋi]
camarote (m)	kajut	[kajut]
sala (f) dos oficiais	ühiskajut	[ʉhiskajut]
sala (f) das máquinas	masinaruum	[masinaru:m]
ponte (m) de comando	kaptenisild	[kaptenisilʲt]
sala (f) de comunicações	raadiosõlm	[ra:diosɜlʲm]
onda (f) de rádio	raadiolaine	[ra:diolaine]
diário (m) de bordo	logiraamat	[logira:mat]
luneta (f)	pikksilm	[pikksilʲm]
sino (m)	kirikukell	[kirikukelʲ]

bandeira (f)	**lipp**	[lipp]
cabo (m)	**köis**	[køis]
nó (m)	**sõlm**	[sɔlʲm]
corrimão (m)	**käsipuu**	[kæsipu:]
prancha (f) de embarque	**trapp**	[trapp]
âncora (f)	**ankur**	[ankur]
recolher a âncora	**ankur sisse**	[ankur sisse]
lançar a âncora	**ankur välja**	[ankur ʋælja]
amarra (f)	**ankrukett**	[ankrukett]
porto (m)	**sadam**	[sadam]
cais, amarradouro (m)	**sadam**	[sadam]
atracar (vi)	**randuma**	[randuma]
desatracar (vi)	**kaldast eemalduma**	[kalʲdasʲt e:malʲduma]
viagem (f)	**reis**	[rejs]
cruzeiro (m)	**kruiis**	[krui:s]
rumo (m), rota (f)	**kurss**	[kurss]
itinerário (m)	**marsruut**	[marsru:t]
canal (m) navegável	**laevasõidutee**	[laeʋasɜidute:]
banco (m) de areia	**madalik**	[madalik]
encalhar (vt)	**madalikule jääma**	[madalikule jæ:ma]
tempestade (f)	**torm**	[torm]
sinal (m)	**signaal**	[signa:lʲ]
afundar-se (vr)	**uppuma**	[uppuma]
Homem ao mar!	**Mees üle parda!**	[me:s ᵾle parda!]
SOS	**SOS**	[sos]
boia (f) salva-vidas	**päästeröngas**	[pæ:sʲterɜngas]

CIDADE

27. Transportes urbanos

autocarro (m)	buss	[buss]
elétrico (m)	tramm	[tramm]
troleicarro (m)	troll	[trolʲ]
itinerário (m)	marsruut	[marsru:t]
número (m)	number	[number]

ir de ... (carro, etc.)	... sõitma	[... sɜitma]
entrar (~ no autocarro)	sisenema	[sisenema]
descer de ...	maha minema	[maha minema]

paragem (f)	peatus	[peatus]
próxima paragem (f)	järgmine peatus	[jærgmine peatus]
ponto (m) final	lõpp-peatus	[lɜpp-peatus]
horário (m)	sõiduplaan	[sɜidupla:n]
esperar (vt)	ootama	[o:tama]

bilhete (m)	pilet	[pilet]
custo (m) do bilhete	pileti hind	[pileti hint]

bilheteiro (m)	kassiir	[kassi:r]
controlo (m) dos bilhetes	piletikontroll	[piletikontrolʲ]
revisor (m)	kontrolör	[kontrolør]

atrasar-se (vr)	hilinema	[hilinema]
perder (o autocarro, etc.)	hiljaks jääma	[hiljaks jæ:ma]
estar com pressa	ruttama	[ruttama]

táxi (m)	takso	[takso]
taxista (m)	taksojuht	[taksojuht]
de táxi (ir ~)	taksoga	[taksoga]
praça (f) de táxis	taksopeatus	[taksopeatus]
chamar um táxi	taksot välja kutsuma	[taksot vælja kutsuma]
apanhar um táxi	taksot võtma	[taksot vɜtma]

tráfego (m)	tänavaliiklus	[tænavali:klus]
engarrafamento (m)	liiklusummik	[li:klusummik]
horas (f pl) de ponta	tipptund	[tipptunt]
estacionar (vi)	parkima	[parkima]
estacionar (vt)	parkima	[parkima]
parque (m) de estacionamento	parkla	[parkla]

metro (m)	metroo	[metro:]
estação (f)	jaam	[ja:m]
ir de metro	metrooga sõitma	[metro:ga sɜitma]
comboio (m)	rong	[rong]
estação (f)	raudteejaam	[raudte:ja:m]

28. Cidade. Vida na cidade

cidade (f)	linn	[linn]
capital (f)	pealinn	[pealinn]
aldeia (f)	küla	[kʉla]
mapa (m) da cidade	linnaplaan	[linnapla:n]
centro (m) da cidade	kesklinn	[kesklinn]
subúrbio (m)	linnalähedane asula	[linnalʲæhedane asula]
suburbano	linnalähedane	[linnalʲæhedane]
periferia (f)	äärelinn	[æ:relinn]
arredores (m pl)	ümbrus	[ʉmbrus]
quarteirão (m)	kvartal	[kʋartalʲ]
quarteirão (m) residencial	elamukvartal	[elamukʋartalʲ]
tráfego (m)	liiklus	[li:klus]
semáforo (m)	valgusfoor	[ʋalʲgusfo:r]
transporte (m) público	linnatransport	[linnatransport]
cruzamento (m)	ristmik	[risʲtmik]
passadeira (f)	ülekäik	[ʉlekæjk]
passagem (f) subterrânea	jalakäijate tunnel	[jalakæjjate tunnelʲ]
cruzar, atravessar (vt)	üle tänava minema	[ʉle tænaʋa minema]
peão (m)	jalakäija	[jalakæjja]
passeio (m)	kõnnitee	[kɜnnite:]
ponte (f)	sild	[silʲt]
margem (f) do rio	kaldapealne	[kalʲdapealʲne]
fonte (f)	purskkaev	[purskkaeʋ]
alameda (f)	allee	[alʲe:]
parque (m)	park	[park]
bulevar (m)	puiestee	[puiesʲte:]
praça (f)	väljak	[ʋæljak]
avenida (f)	prospekt	[prospekt]
rua (f)	tänav	[tænaʋ]
travessa (f)	põiktänav	[pɜiktænaʋ]
beco (m) sem saída	umbtänav	[umbtænaʋ]
casa (f)	maja	[maja]
edifício, prédio (m)	hoone	[ho:ne]
arranha-céus (m)	pilvelõhkuja	[pilʲʋɘlɘhkuja]
fachada (f)	fassaad	[fassa:t]
telhado (m)	katus	[katus]
janela (f)	aken	[aken]
arco (m)	võlv	[ʋɜlʲʋ]
coluna (f)	sammas	[sammas]
esquina (f)	nurk	[nurk]
montra (f)	vaateaken	[ʋa:teaken]
letreiro (m)	silt	[silʲt]
cartaz (m)	kuulutus	[ku:lutus]
cartaz (m) publicitário	reklaamiplakat	[rekla:miplakat]

painel (m) publicitário	reklaamikilp	[rekla:mikilʲp]
lixo (m)	prügi	[prʉgi]
cesta (f) do lixo	prügiurn	[prʉgiurn]
jogar lixo na rua	prahti maha viskama	[prahti maha ʋiskama]
aterro (m) sanitário	prügimägi	[prʉgimægi]

cabine (f) telefónica	telefoniputka	[telefoniputka]
candeeiro (m) de rua	laternapost	[laternaposʲt]
banco (m)	pink	[pink]

polícia (m)	politseinik	[politsejnik]
polícia (instituição)	politsei	[politsej]
mendigo (m)	kerjus	[kerjus]
sem-abrigo (m)	pätt	[pætt]

29. Instituições urbanas

loja (f)	kauplus	[kauplus]
farmácia (f)	apteek	[apte:k]
ótica (f)	optika	[optika]
centro (m) comercial	kaubanduskeskus	[kaubanduskeskus]
supermercado (m)	supermarket	[supermarket]

padaria (f)	leivapood	[lejʋapo:t]
padeiro (m)	pagar	[pagar]
pastelaria (f)	kondiitripood	[kondi:tripo:t]
mercearia (f)	toidupood	[tojdupo:t]
talho (m)	lihakarn	[lihakarn]

loja (f) de legumes	juurviljapood	[ju:rʋiljapo:t]
mercado (m)	turg	[turg]

café (m)	kohvik	[kohʋik]
restaurante (m)	restoran	[resʲtoran]
bar (m), cervejaria (f)	õllebaar	[3lʲeba:r]
pizzaria (f)	pitsabaar	[pitsaba:r]

salão (m) de cabeleireiro	juuksurisalong	[ju:ksurisalong]
correios (m pl)	postkontor	[posʲtkontor]
lavandaria (f)	keemiline puhastus	[ke:miline puhasʲtus]
estúdio (m) fotográfico	fotoateljee	[fotoatelje:]

sapataria (f)	kingapood	[kingapo:t]
livraria (f)	raamatukauplus	[ra:matukauplus]
loja (f) de artigos de desporto	sporditarvete kauplus	[sporditarʋete kauplus]

reparação (f) de roupa	riieteparandus	[ri:eteparandus]
aluguer (m) de roupa	riietelaenutus	[ri:etelaenutus]
aluguer (m) de filmes	filmilaenutus	[filʲmilaenutus]

circo (m)	tsirkus	[tsirkus]
jardim (m) zoológico	loomaaed	[lo:ma:et]
cinema (m)	kino	[kino]
museu (m)	muuseum	[mu:seum]

biblioteca (f)	raamatukogu	[ra:matukogu]
teatro (m)	teater	[teater]
ópera (f)	ooper	[o:per]
clube (m) noturno	ööklubi	[ø:klubi]
casino (m)	kasiino	[kasi:no]

mesquita (f)	mošee	[moʃe:]
sinagoga (f)	sünagoog	[sʉnago:g]
catedral (f)	katedraal	[katedra:lʲ]
templo (m)	pühakoda	[pʉhakoda]
igreja (f)	kirik	[kirik]

instituto (m)	instituut	[insʲtitu:t]
universidade (f)	ülikool	[ʉliko:lʲ]
escola (f)	kool	[ko:lʲ]

prefeitura (f)	linnaosa valitsus	[linnaosa ʋalitsus]
câmara (f) municipal	linnavalitsus	[linnaʋalitsus]
hotel (m)	hotell	[hotelʲ]
banco (m)	pank	[pank]

embaixada (f)	suursaatkond	[su:rsa:tkont]
agência (f) de viagens	reisibüroo	[rejsibʉro:]
agência (f) de informações	teadete büroo	[teadete bʉro:]
casa (f) de câmbio	rahavahetus	[rahaʋahetus]

| metro (m) | metroo | [metro:] |
| hospital (m) | haigla | [haigla] |

| posto (m) de gasolina | tankla | [tankla] |
| parque (m) de estacionamento | parkla | [parkla] |

30. Sinais

letreiro (m)	silt	[silʲt]
inscrição (f)	pealkiri	[pealʲkiri]
cartaz, póster (m)	plakat	[plakat]
sinal (m) informativo	teeviit	[te:ʋi:t]
seta (f)	nool	[no:lʲ]

aviso (advertência)	hoiatus	[hojatus]
sinal (m) de aviso	hoiatus	[hojatus]
avisar, advertir (vt)	hoiatama	[hojatama]

dia (m) de folga	puhkepäev	[puhkepæəʋ]
horário (m)	sõiduplaan	[sɜidupla:n]
horário (m) de funcionamento	töötunnid	[tø:tunnid]

BEM-VINDOS!	TERE TULEMAST!	[tere tulemasʲt!]
ENTRADA	SISSEPÄÄS	[sissepæ:s]
SAÍDA	VÄLJAPÄÄS	[ʋæljapæ:s]

| EMPURRE | LÜKKA | [lʉkka] |
| PUXE | TÕMBA | [tɜmba] |

| ABERTO | AVATUD | [avatut] |
| FECHADO | SULETUD | [suletut] |

| MULHER | NAISTELE | [naisʲtele] |
| HOMEM | MEESTELE | [me:sʲtele] |

DESCONTOS	SOODUSTUSED	[so:dusʲtuset]
SALDOS	VÄLJAMÜÜK	[væljamʉ:k]
NOVIDADE!	UUS KAUP!	[u:s kaup!]
GRÁTIS	TASUTA	[tasuta]

ATENÇÃO!	ETTEVAATUST!	[etteva:tusʲt!]
NÃO HÁ VAGAS	TÄIELIKULT BRONEERITUD	[tæjelikulʲt brone:ritut]
RESERVADO	RESERVEERITUD	[reserve:ritut]

| ADMINISTRAÇÃO | JUHTKOND | [juhtkont] |
| SOMENTE PESSOAL AUTORIZADO | AINULT PERSONALILE | [ainulʲt personalile] |

CUIDADO CÃO FEROZ	KURI KOER	[kuri koer]
PROIBIDO FUMAR!	MITTE SUITSETADA!	[mitte suitsetada!]
NÃO TOCAR	MITTE PUUTUDA!	[mitte pu:tuda!]

PERIGOSO	OHTLIK	[ohtlik]
PERIGO	OHT	[oht]
ALTA TENSÃO	KÕRGEPINGE	[kɜrgepinge]
PROIBIDO NADAR	UJUMINE KEELATUD!	[ujumine ke:latud!]
AVARIADO	EI TÖÖTA	[ej tø:ta]

INFLAMÁVEL	TULEOHTLIK	[tuleohtlik]
PROIBIDO	KEELATUD	[ke:latut]
ENTRADA PROIBIDA	LÄBIKÄIK KEELATUD	[lʲæbikæjk ke:latut]
CUIDADO TINTA FRESCA	VÄRSKE VÄRV	[værske værv]

31. Compras

comprar (vt)	ostma	[osʲtma]
compra (f)	ost	[osʲt]
fazer compras	oste tegema	[osʲte tegema]
compras (f pl)	šoppamine	[ʃoppamine]

| estar aberta (loja, etc.) | lahti olema | [lahti olema] |
| estar fechada | kinni olema | [kinni olema] |

calçado (m)	jalatsid	[jalatsit]
roupa (f)	riided	[ri:det]
cosméticos (m pl)	kosmeetika	[kosme:tika]
alimentos (m pl)	toiduained	[tojduainet]
presente (m)	kingitus	[kingitus]

vendedor (m)	müüja	[mʉ:ja]
vendedora (f)	müüja	[mʉ:ja]
caixa (f)	kassa	[kassa]

41

espelho (m)	peegel	[pe:gelʲ]
balcão (m)	lett	[lett]
cabine (f) de provas	proovikabiin	[pro:ʋikabi:n]
provar (vt)	selga proovima	[selʲga pro:ʋima]
servir (vi)	paras olema	[paras olema]
gostar (apreciar)	meeldima	[me:lʲdima]
preço (m)	hind	[hint]
etiqueta (f) de preço	hinnalipik	[hinnalipik]
custar (vt)	maksma	[maksma]
Quanto?	Kui palju?	[kui palju?]
desconto (m)	allahindlus	[alʲæhintlus]
não caro	odav	[odaʋ]
barato	odav	[odaʋ]
caro	kallis	[kalʲis]
É caro	See on kallis.	[se: on kalʲis]
aluguer (m)	laenutus	[laenutus]
alugar (vestidos, etc.)	laenutama	[laenutama]
crédito (m)	pangalaen	[pangalaen]
a crédito	krediiti võtma	[kredi:ti ʋɜtma]

VESTUÁRIO & ACESSÓRIOS

32. Roupa exterior. Casacos

roupa (f)	riided	[ri:det]
roupa (f) exterior	üleriided	[ɥleri:det]
roupa (f) de inverno	talveriided	[talʲʊeri:det]
sobretudo (m)	mantel	[mantelʲ]
casaco (m) de peles	kasukas	[kasukas]
casaco curto (m) de peles	poolkasukas	[po:lʲkasukas]
casaco (m) acolchoado	sulejope	[sulejope]
casaco, blusão (m)	jope	[jope]
impermeável (m)	vihmamantel	[ʊihmamantelʲ]
impermeável	veekindel	[ʊe:kindelʲ]

33. Vestuário de homem & mulher

camisa (f)	särk	[særk]
calças (f pl)	püksid	[pɥksit]
calças (f pl) de ganga	teksapüksid	[teksapɥksit]
casaco (m) de fato	pintsak	[pintsak]
fato (m)	ülikond	[ɥlikont]
vestido (ex. ~ vermelho)	kleit	[klejt]
saia (f)	seelik	[se:lik]
blusa (f)	pluus	[plu:s]
casaco (m) de malha	villane jakk	[ʊilʲæne jakk]
casaco, blazer (m)	pluus	[plu:s]
T-shirt, camiseta (f)	T-särk	[t-særk]
calções (Bermudas, etc.)	põlvpüksid	[pɔlʲʊpɥksit]
fato (m) de treino	dress	[dress]
roupão (m) de banho	hommikumantel	[hommikumantelʲ]
pijama (m)	pidžaama	[pidʒa:ma]
suéter (m)	sviiter	[sʊi:ter]
pulôver (m)	pullover	[pulʲoʊer]
colete (m)	vest	[ʊesʲt]
fraque (m)	frakk	[frakk]
smoking (m)	smoking	[smoking]
uniforme (m)	vormiriietus	[ʊormiri:etus]
roupa (f) de trabalho	tööriietus	[tø:ri:etus]
fato-macaco (m)	kombinesoon	[kombineso:n]
bata (~ branca, etc.)	kittel	[kittelʲ]

34. Vestuário. Roupa interior

roupa (f) interior	pesu	[pesu]
cuecas boxer (f pl)	trussikud	[trussikut]
cuecas (f pl)	trussikud	[trussikut]
camisola (f) interior	alussärk	[alussærk]
peúgas (f pl)	sokid	[sokit]
camisa (f) de noite	öösärk	[ø:særk]
sutiã (m)	rinnahoidja	[rinnahojdja]
meias longas (f pl)	põlvikud	[pɔlʲʋikut]
meia-calça (f)	sukkpüksid	[sukkpʉksit]
meias (f pl)	sukad	[sukat]
fato (m) de banho	trikoo	[triko:]

35. Adereços de cabeça

chapéu (m)	müts	[mʉts]
chapéu (m) de feltro	kaabu	[ka:bu]
boné (m) de beisebol	pesapallimüts	[pesapalʲimʉts]
boné (m)	soni	[soni]
boina (f)	barett	[barett]
capuz (m)	kapuuts	[kapu:ts]
panamá (m)	panama	[panama]
gorro (m) de malha	kootud müts	[ko:tut mʉts]
lenço (m)	rätik	[rætik]
chapéu (m) de mulher	kübar	[kʉbar]
capacete (m) de proteção	kiiver	[ki:ʋer]
bibico (m)	pilotka	[pilotka]
capacete (m)	lendurimüts	[lendurimʉts]
chapéu-coco (m)	kübar	[kʉbar]
chapéu (m) alto	silinder	[silinder]

36. Calçado

calçado (m)	jalatsid	[jalatsit]
botinas (f pl)	poolsaapad	[po:lʲsa:pat]
sapatos (de salto alto, etc.)	kingad	[kingat]
botas (f pl)	saapad	[sa:pat]
pantufas (f pl)	sussid	[sussit]
ténis (m pl)	tossud	[tossut]
sapatilhas (f pl)	ketsid	[ketsit]
sandálias (f pl)	sandaalid	[sanda:lit]
sapateiro (m)	kingsepp	[kingsepp]
salto (m)	konts	[konts]

par (m)	paar	[pa:r]
atacador (m)	kingapael	[kingapaelʲ]
apertar os atacadores	kingapaelu siduma	[kingapaelu siduma]
calçadeira (f)	kingalusikas	[kingalusikas]
graxa (f) para calçado	kingakreem	[kingakre:m]

37. Acessórios pessoais

luvas (f pl)	sõrmkindad	[sɜrmkindat]
mitenes (f pl)	labakindad	[labakindat]
cachecol (m)	sall	[salʲ]

óculos (m pl)	prillid	[prilʲit]
armação (f) de óculos	prilliraamid	[prilʲira:mit]
guarda-chuva (m)	vihmavari	[ʋihmaʋari]
bengala (f)	jalutuskepp	[jalutuskepp]
escova (f) para o cabelo	juuksehari	[ju:ksehari]
leque (m)	lehvik	[lehʋik]

gravata (f)	lips	[lips]
gravata-borboleta (f)	kikilips	[kikilips]
suspensórios (m pl)	traksid	[traksit]
lenço (m)	taskurätik	[taskurætik]

pente (m)	kamm	[kamm]
travessão (m)	juukseklamber	[ju:kseklamber]
gancho (m) de cabelo	juuksenõel	[ju:ksenɜelʲ]
fivela (f)	pannal	[pannalʲ]

cinto (m)	vöö	[ʋø:]
correia (f)	rihm	[rihm]

mala (f)	kott	[kott]
mala (f) de senhora	käekott	[kæəkott]
mochila (f)	seljakott	[seljakott]

38. Vestuário. Diversos

moda (f)	mood	[mo:t]
na moda	moodne	[mo:dne]
estilista (m)	moekunstnik	[moekunsʲtnik]

colarinho (m), gola (f)	krae	[krae]
bolso (m)	tasku	[tasku]
de bolso	tasku-	[tasku-]
manga (f)	varrukas	[ʋarrukas]
alcinha (f)	tripp	[tripp]
braguilha (f)	püksiauk	[pʉksiauk]

fecho (m) de correr	tõmblukk	[tɜmblukk]
fecho (m), colchete (m)	kinnis	[kinnis]
botão (m)	nööp	[nø:p]

45

casa (f) de botão	nööpauk	[nø:pauk]
soltar-se (vr)	eest ära tulema	[e:sᵗt æra tulema]
coser, costurar (vi)	õmblema	[ᴣmblema]
bordar (vt)	tikkima	[tikkima]
bordado (m)	tikkimine	[tikkimine]
agulha (f)	nõel	[nᴣelʲ]
fio (m)	niit	[ni:t]
costura (f)	õmblus	[ᴣmblus]
sujar-se (vr)	ära määrima	[æra mæ:rima]
mancha (f)	plekk	[plekk]
engelhar-se (vr)	kortsu minema	[kortsu minema]
rasgar (vt)	katki minema	[katki minema]
traça (f)	koi	[koj]

39. Cuidados pessoais. Cosméticos

pasta (f) de dentes	hambapasta	[hambapasᵗta]
escova (f) de dentes	hambahari	[hambahari]
escovar os dentes	hambaid pesema	[hambait pesema]
máquina (f) de barbear	pardel	[pardelʲ]
creme (m) de barbear	habemeajamiskreem	[habemeajamiskre:m]
barbear-se (vr)	habet ajama	[habet ajama]
sabonete (m)	seep	[se:p]
champô (m)	šampoon	[ʃampo:n]
tesoura (f)	käärid	[kæ:rit]
lima (f) de unhas	küüneviil	[kʉ:neʋi:lʲ]
corta-unhas (m)	küünekäärid	[kʉ:nekæ:rit]
pinça (f)	pintsett	[pintsett]
cosméticos (m pl)	kosmeetika	[kosme:tika]
máscara (f) facial	mask	[mask]
manicura (f)	maniküür	[manikʉ:r]
fazer a manicura	maniküüri tegema	[manikʉ:ri tegema]
pedicure (f)	pediküür	[pedikʉ:r]
mala (f) de maquilhagem	kosmeetikakott	[kosme:tikakott]
pó (m)	puuder	[pu:der]
caixa (f) de pó	puudritoos	[pu:drito:s]
blush (m)	põsepuna	[pᴣsepuna]
perfume (m)	lõhnaõli	[lᴣhnaᴣli]
água (f) de toilette	tualettvesi	[tualettʋesi]
loção (f)	näovesi	[næoʋesi]
água-de-colónia (f)	odekolonn	[odekolonn]
sombra (f) de olhos	lauvärv	[lauʋærʋ]
lápis (m) delineador	silmapliiats	[silʲmapli:ats]
máscara (f), rímel (m)	ripsmetušš	[ripsmetuʃʃ]
batom (m)	huulepulk	[hu:lepulʲk]

verniz (m) de unhas	küünelakk	[kʉ:nelakk]
laca (f) para cabelos	juukselakk	[ju:kselakk]
desodorizante (m)	desodorant	[desodorant]

creme (m)	kreem	[kre:m]
creme (m) de rosto	näokreem	[næokre:m]
creme (m) de mãos	kätekreem	[kætekre:m]
creme (m) antirrugas	kortsudevastane kreem	[kortsudeʋasʲtane kre:m]
creme (m) de dia	päevakreem	[pææʋakre:m]
creme (m) de noite	öökreem	[ø:kre:m]
de dia	päeva-	[pææʋa-]
da noite	öö-	[ø:-]

tampão (m)	tampoon	[tampo:n]
papel (m) higiénico	tualettpaber	[tualettpaber]
secador (m) elétrico	föön	[fø:n]

40. Relógios de pulso. Relógios

relógio (m) de pulso	käekell	[kæəkelʲ]
mostrador (m)	sihverplaat	[sihʋerpla:t]
ponteiro (m)	osuti	[osuti]
bracelete (f) em aço	kellarihm	[kelʲærihm]
bracelete (f) em couro	kellarihm	[kelʲærihm]

pilha (f)	patarei	[patarej]
descarregar-se	tühjaks saama	[tʉhjaks sa:ma]
trocar a pilha	patareid vahetama	[patarejt ʋahetama]
estar adiantado	ette käima	[ette kæjma]
estar atrasado	taha jääma	[taha jæ:ma]

relógio (m) de parede	seinakell	[sejnakelʲ]
ampulheta (f)	liivakell	[li:ʋakelʲ]
relógio (m) de sol	päiksekell	[pæjksekelʲ]
despertador (m)	äratuskell	[æratuskelʲ]
relojoeiro (m)	kellassepp	[kelʲæssepp]
reparar (vt)	parandama	[parandama]

47

EXPERIÊNCIA DO QUOTIDIANO

41. Dinheiro

dinheiro (m)	raha	[raha]
câmbio (m)	vahetus	[ʋahetus]
taxa (f) de câmbio	kurss	[kurss]
Caixa Multibanco (m)	pangaautomaat	[panga:utoma:t]
moeda (f)	münt	[mʉnt]
dólar (m)	dollar	[dolʲær]
euro (m)	euro	[euro]
lira (f)	liir	[liːr]
marco (m)	mark	[mark]
franco (m)	frank	[frank]
libra (f) esterlina	naelsterling	[naelʲsʲterling]
iene (m)	jeen	[jeːn]
dívida (f)	võlg	[ʋɤlʲg]
devedor (m)	võlgnik	[ʋɤlʲgnik]
emprestar (vt)	võlgu andma	[ʋɤlʲgu andma]
pedir emprestado	võlgu võtma	[ʋɤlʲgu ʋɤtma]
banco (m)	pank	[pank]
conta (f)	pangakonto	[pangakonto]
depositar (vt)	panema	[panema]
depositar na conta	arvele panema	[arʋele panema]
levantar (vt)	arvelt võtma	[arʋelʲt ʋɤtma]
cartão (m) de crédito	krediidikaart	[krediːdikaːrt]
dinheiro (m) vivo	sularaha	[sularaha]
cheque (m)	tšekk	[tʃekk]
passar um cheque	tšekki välja kirjutama	[tʃekki ʋælja kirjutama]
livro (m) de cheques	tšekiraamat	[tʃekira:mat]
carteira (f)	rahatasku	[rahatasku]
porta-moedas (m)	rahakott	[rahakott]
cofre (m)	seif	[sejf]
herdeiro (m)	pärija	[pærija]
herança (f)	pärandus	[pærandus]
fortuna (riqueza)	varandus	[ʋarandus]
arrendamento (m)	rent	[rent]
renda (f) de casa	korteriüür	[korteriʉːr]
alugar (vt)	üürima	[ʉːrima]
preço (m)	hind	[hint]
custo (m)	maksumus	[maksumus]

soma (f)	summa	[summa]
gastar (vt)	raiskama	[raiskama]
gastos (m pl)	kulutused	[kulutuset]
economizar (vi)	kokku hoidma	[kokku hojdma]
económico	kokkuhoidlik	[kokkuhojtlik]

pagar (vt)	tasuma	[tasuma]
pagamento (m)	maksmine	[maksmine]
troco (m)	tagasiantav raha	[tagasiantau raha]

imposto (m)	maks	[maks]
multa (f)	trahv	[trahʊ]
multar (vt)	trahvima	[trahʊima]

42. Correios. Serviço postal

correios (m pl)	postkontor	[posⁱtkontor]
correio (m)	post	[posⁱt]
carteiro (m)	postiljon	[posⁱtiljon]
horário (m)	töötunnid	[tø:tunnit]

carta (f)	kiri	[kiri]
carta (f) registada	tähitud kiri	[tæhitut kiri]
postal (m)	postkaart	[posⁱtka:rt]
telegrama (m)	telegramm	[telegramm]
encomenda (f) postal	pakk	[pakk]
remessa (f) de dinheiro	rahaülekanne	[rahaʉlekanne]

receber (vt)	kätte saama	[kætte sa:ma]
enviar (vt)	saatma	[sa:tma]
envio (m)	saatmine	[sa:tmine]
endereço (m)	aadress	[a:dress]
código (m) postal	indeks	[indeks]
remetente (m)	saatja	[sa:tja]
destinatário (m)	saaja	[sa:ja]

nome (m)	eesnimi	[e:snimi]
apelido (m)	perekonnanimi	[perekonnanimi]
tarifa (f)	tariif	[tari:f]
ordinário	harilik	[harilik]
económico	soodustariif	[so:dusⁱtari:f]

peso (m)	kaal	[ka:lⁱ]
pesar (estabelecer o peso)	kaaluma	[ka:luma]
envelope (m)	ümbrik	[ʉmbrik]
selo (m)	mark	[mark]
colar o selo	marki peale kleepima	[marki peale kle:pima]

43. Banca

banco (m)	pank	[pank]
sucursal, balcão (f)	osakond	[osakont]

| consultor (m) | konsultant | [konsulitant] |
| gerente (m) | juhataja | [juhataja] |

conta (f)	pangakonto	[pangakonto]
número (m) da conta	arve number	[arʋe number]
conta (f) corrente	jooksev arve	[jo:kseʋ arʋe]
conta (f) poupança	kogumisarve	[kogumisarʋe]

abrir uma conta	arvet avama	[arʋet aʋama]
fechar uma conta	arvet lõpetama	[arʋet lɜpetama]
depositar na conta	arvele panema	[arʋele panema]
levantar (vt)	arvelt võtma	[arʋelit ʋɜtma]

depósito (m)	hoius	[hojus]
fazer um depósito	hoiust tegema	[hojusit tegema]
transferência (f) bancária	ülekanne	[ʉlekanne]
transferir (vt)	üle kandma	[ʉle kandma]

| soma (f) | summa | [summa] |
| Quanto? | Kui palju? | [kui palju?] |

| assinatura (f) | allkiri | [alikiri] |
| assinar (vt) | allkirjastama | [alikirjasitama] |

cartão (m) de crédito	krediidikaart	[kredi:dika:rt]
código (m)	kood	[ko:t]
número (m)	krediidikaardi number	[kredi:dika:rdi number]
do cartão de crédito		
Caixa Multibanco (m)	pangaautomaat	[panga:utoma:t]

cheque (m)	tšekk	[tʃekk]
passar um cheque	tšekki välja kirjutama	[tʃekki ʋælja kirjutama]
livro (m) de cheques	tšekiraamat	[tʃekira:mat]

empréstimo (m)	pangalaen	[pangalaen]
pedir um empréstimo	laenu taotlema	[laenu taotlema]
obter um empréstimo	laenu võtma	[laenu ʋɜtma]
conceder um empréstimo	laenu andma	[laenu andma]
garantia (f)	tagatis	[tagatis]

44. Telefone. Conversação telefónica

telefone (m)	telefon	[telefon]
telemóvel (m)	mobiiltelefon	[mobi:litelefon]
secretária (f) electrónica	automaatvastaja	[automa:tʋasitaja]

| fazer uma chamada | helistama | [helisitama] |
| chamada (f) | telefonihelin | [telefonihelin] |

marcar um número	numbrit valima	[numbrit ʋalima]
Alô!	hallo!	[halio!]
perguntar (vt)	küsima	[kʉsima]
responder (vt)	vastama	[ʋasitama]
ouvir (vt)	kuulma	[ku:lima]

bem	hästi	[hæsʲti]
mal	halvasti	[halʲuasʲti]
ruído (m)	häired	[hæjret]

auscultador (m)	telefonitoru	[telefonitoru]
pegar o telefone	toru hargilt võtma	[toru hargilʲt uɜtma]
desligar (vi)	toru hargile panema	[toru hargile panema]

ocupado	liin on kinni	[liːn on kinni]
tocar (vi)	telefon heliseb	[telefon heliseb]
lista (f) telefónica	telefoniraamat	[telefoniraːmat]

local	kohalik	[kohalik]
chamada (f) local	kohalik kõne	[kohalik kɜne]
de longa distância	kauge-	[kauge-]
chamada (f) de longa distância	kaugekõne	[kaugekɜne]
internacional	rahvusvaheline	[rahuusuaheline]
chamada (f) internacional	rahvusvaheline kõne	[rahuusuaheline kɜne]

45. Telefone móvel

telemóvel (m)	mobiiltelefon	[mobiːlʲtelefon]
ecrã (m)	kuvar	[kuuar]
botão (m)	nupp	[nupp]
cartão SIM (m)	SIM-kaart	[sim-kaːrt]

bateria (f)	patarei	[patarej]
descarregar-se	tühjaks minema	[tɥhjaks minema]
carregador (m)	laadimisseade	[laːdimisseade]

menu (m)	menüü	[menɥː]
definições (f pl)	häälestused	[hæːlesʲtuset]
melodia (f)	viis	[uiːs]
escolher (vt)	valima	[ualima]

calculadora (f)	kalkulaator	[kalʲkulaːtor]
correio (m) de voz	automaatvastaja	[automaːtuasʲtaja]
despertador (m)	äratuskell	[æratuskelʲ]
contatos (m pl)	telefoniraamat	[telefoniraːmat]

mensagem (f) de texto	SMS-sõnum	[sms-sɜnum]
assinante (m)	abonent	[abonent]

46. Estacionário

caneta (f)	pastakas	[pasʲtakas]
caneta (f) tinteiro	sulepea	[sulepea]

lápis (m)	pliiats	[pliːats]
marcador (m)	marker	[marker]
caneta (f) de feltro	viltpliiats	[uilʲtpliːats]

| bloco (m) de notas | klade | [klade] |
| agenda (f) | päevik | [pæeʋik] |

régua (f)	joonlaud	[jo:nlaut]
calculadora (f)	kalkulaator	[kalʲkula:tor]
borracha (f)	kustutuskumm	[kusʲtutuskumm]
pionés (m)	rõhknael	[rɜhknaelʲ]
clipe (m)	kirjaklamber	[kirjaklamber]

cola (f)	liim	[li:m]
agrafador (m)	stepler	[sʲtepler]
furador (m)	auguraud	[auguraut]
afia-lápis (m)	pliiatsiteritaja	[pli:atsiteritaja]

47. Línguas estrangeiras

língua (f)	keel	[ke:lʲ]
estrangeiro	võõr-	[ʋɜ:r-]
língua (f) estrangeira	võõrkeel	[ʋɜ:rke:lʲ]
estudar (vt)	uurima	[u:rima]
aprender (vt)	õppima	[ɜppima]

ler (vt)	lugema	[lugema]
falar (vi)	rääkima	[ræ:kima]
compreender (vt)	aru saama	[aru sa:ma]
escrever (vt)	kirjutama	[kirjutama]

rapidamente	kiiresti	[ki:resʲti]
devagar	aeglaselt	[aeglaselʲt]
fluentemente	vabalt	[ʋabalʲt]

regras (f pl)	reeglid	[re:glit]
gramática (f)	grammatika	[grammatika]
vocabulário (m)	sõnavara	[sɜnaʋara]
fonética (f)	foneetika	[fone:tika]

manual (m) escolar	õpik	[ɜpik]
dicionário (m)	sõnaraamat	[sɜnara:mat]
manual (m) de autoaprendizagem	õpik iseõppijaile	[ɜpik iseɜppijaile]
guia (m) de conversação	vestmik	[ʋesʲtmik]

cassete (f)	kassett	[kassett]
vídeo cassete (m)	videokassett	[ʋideokassett]
CD (m)	CD-plaat	[tsede pla:t]
DVD (m)	DVD	[dʋt]

alfabeto (m)	tähestik	[tæhesʲtik]
soletrar (vt)	veerima	[ʋe:rima]
pronúncia (f)	hääldamine	[hæ:lʲdamine]

sotaque (m)	aktsent	[aktsent]
com sotaque	aktsendiga	[aktsendiga]
sem sotaque	ilma aktsendita	[ilʲma aktsendita]

palavra (f)	sõna	[sɜna]
sentido (m)	mõiste	[mɜisˈte]

cursos (m pl)	kursused	[kursuset]
inscrever-se (vr)	kirja panema	[kirja panema]
professor (m)	õppejõud	[ɜppejɜut]

tradução (processo)	tõlkimine	[tɜlˈkimine]
tradução (texto)	tõlge	[tɜlˈge]
tradutor (m)	tõlk	[tɜlˈk]
intérprete (m)	tõlk	[tɜlˈk]

poliglota (m)	polüglott	[polʉglott]
memória (f)	mälu	[mælu]

REFEIÇÕES. RESTAURANTE

48. Por a mesa

colher (f)	lusikas	[lusikas]
faca (f)	nuga	[nuga]
garfo (m)	kahvel	[kahʋelʲ]
chávena (f)	tass	[tass]
prato (m)	taldrik	[talʲdrik]
pires (m)	alustass	[alusʲtass]
guardanapo (m)	salvrätik	[salʲʋrætik]
palito (m)	hambaork	[hambaork]

49. Restaurante

restaurante (m)	restoran	[resʲtoran]
café (m)	kohvituba	[kohʋituba]
bar (m), cervejaria (f)	baar	[ba:r]
salão (m) de chá	teesalong	[te:salong]
empregado (m) de mesa	kelner	[kelʲner]
empregada (f) de mesa	ettekandja	[ettekandja]
barman (m)	baarimees	[ba:rime:s]
ementa (f)	menüü	[menʉ:]
lista (f) de vinhos	veinikaart	[ʋejnika:rt]
reservar uma mesa	lauda kinni panema	[lauda kinni panema]
prato (m)	roog	[ro:g]
pedir (vt)	tellima	[telʲima]
fazer o pedido	tellimust andma	[telʲimusʲt andma]
aperitivo (m)	aperitiiv	[aperiti:ʋ]
entrada (f)	suupiste	[su:pisʲte]
sobremesa (f)	magustoit	[mɑgʉsʲtɒjt]
conta (f)	arve	[arʋe]
pagar a conta	arvet maksma	[arʋet maksma]
dar o troco	raha tagasi andma	[raha tagasi andma]
gorjeta (f)	jootraha	[jo:traha]

50. Refeições

comida (f)	söök	[sø:k]
comer (vt)	sööma	[sø:ma]

pequeno-almoço (m)	hommikusöök	[hommikusø:k]
tomar o pequeno-almoço	hommikust sööma	[hommikus't sø:ma]
almoço (m)	lõuna	[lɜuna]
almoçar (vi)	lõunat sööma	[lɜunat sø:ma]
jantar (m)	õhtusöök	[ɜhtusø:k]
jantar (vi)	õhtust sööma	[ɜhtus't sø:ma]

| apetite (m) | söögiisu | [sø:gi:su] |
| Bom apetite! | Head isu! | [heat isu!] |

abrir (~ uma lata, etc.)	avama	[auama]
derramar (vt)	maha valama	[maha ualama]
derramar-se (vr)	maha voolama	[maha uo:lama]

ferver (vi)	keema	[ke:ma]
ferver (vt)	keetma	[ke:tma]
fervido	keedetud	[ke:detut]
arrefecer (vt)	jahutama	[jahutama]
arrefecer-se (vr)	jahtuma	[jahtuma]

| sabor, gosto (m) | maitse | [maitse] |
| gostinho (m) | kõrvalmaitse | [kɜrual'maitse] |

fazer dieta	kaalus alla võtma	[ka:lus al'æ uɜtma]
dieta (f)	dieet	[die:t]
vitamina (f)	vitamiin	[uitami:n]
caloria (f)	kalor	[kalor]
vegetariano (m)	taimetoitlane	[taimetojtlane]
vegetariano	taimetoitluslik	[taimetojtluslik]

gorduras (f pl)	rasvad	[rasuat]
proteínas (f pl)	valgud	[ual'gut]
carboidratos (m pl)	süsivesikud	[susiuesikut]
fatia (~ de limão, etc.)	viil	[ui:l']
pedaço (~ de bolo)	tükk	[tʉkk]
migalha (f)	puru	[puru]

51. Pratos cozinhados

prato (m)	roog	[ro:g]
cozinha (~ portuguesa)	köök	[kø:k]
receita (f)	retsept	[retsept]
porção (f)	portsjon	[portsjon]

| salada (f) | salat | [salat] |
| sopa (f) | supp | [supp] |

caldo (m)	puljong	[puljong]
sandes (f)	võileib	[uɜjlejb]
ovos (m pl) estrelados	munaroog	[munaro:g]

hambúrguer (m)	hamburger	[hamburger]
bife (m)	biifsteek	[bi:fs'te:k]
conduto (m)	lisand	[lisant]

espaguete (m)	spagetid	[spagetit]
puré (m) de batata	kartulipüree	[kartulipʉre:]
pizza (f)	pitsa	[pitsa]
papa (f)	puder	[puder]
omelete (f)	omlett	[omlett]

cozido em água	keedetud	[ke:detut]
fumado	suitsutatud	[suitsutatut]
frito	praetud	[praetut]
seco	kuivatatud	[kuiʋatatut]
congelado	külmutatud	[kʉlʲmutatut]
em conserva	marineeritud	[marine:ritut]

doce (açucarado)	magus	[magus]
salgado	soolane	[so:lane]
frio	külm	[kʉlʲm]
quente	kuum	[ku:m]
amargo	mõru	[mɜru]
gostoso	maitsev	[maitseʋ]

cozinhar (em água a ferver)	keetma	[ke:tma]
fazer, preparar (vt)	süüa tegema	[sʉ:a tegema]
fritar (vt)	praadima	[pra:dima]
aquecer (vt)	soojendama	[so:jendama]

salgar (vt)	soolama	[so:lama]
apimentar (vt)	pipardama	[pipardama]
ralar (vt)	riivima	[ri:ʋima]
casca (f)	koor	[ko:r]
descascar (vt)	koorima	[ko:rima]

52. Comida

carne (f)	liha	[liha]
galinha (f)	kana	[kana]
frango (m)	kanapoeg	[kanapoeg]
pato (m)	part	[part]
ganso (m)	hani	[hani]
caça (f)	metslinnud	[metslinnut]
peru (m)	kalkun	[kalʲkun]

carne (f) de porco	sealiha	[sealiha]
carne (f) de vitela	vasikaliha	[ʋasikaliha]
carne (f) de carneiro	lambaliha	[lambaliha]
carne (f) de vaca	loomaliha	[lo:maliha]
carne (f) de coelho	küülik	[kʉ:lik]

chouriço, salsichão (m)	vorst	[ʋorsʲt]
salsicha (f)	viiner	[ʋi:ner]
bacon (m)	peekon	[pe:kon]
fiambre (f)	sink	[sink]
presunto (m)	sink	[sink]
patê (m)	pasteet	[pasʲte:t]
fígado (m)	maks	[maks]

carne (f) moída	hakkliha	[hakkliha]
língua (f)	keel	[ke:lʲ]
ovo (m)	muna	[muna]
ovos (m pl)	munad	[munat]
clara (f) do ovo	munavalge	[munaʋalʲge]
gema (f) do ovo	munakollane	[munakolʲæne]
peixe (m)	kala	[kala]
mariscos (m pl)	mereannid	[mereannit]
crustáceos (m pl)	koorikloomad	[ko:riklo:mat]
caviar (m)	kalamari	[kalamari]
caranguejo (m)	krabi	[krabi]
camarão (m)	krevett	[kreʋett]
ostra (f)	auster	[ausʲter]
lagosta (f)	langust	[langusʲt]
polvo (m)	kaheksajalg	[kaheksajalʲg]
lula (f)	kalmaar	[kalʲma:r]
esturjão (m)	tuurakala	[tu:rakala]
salmão (m)	lõhe	[lɜhe]
halibute (m)	paltus	[palʲtus]
bacalhau (m)	tursk	[tursk]
cavala, sarda (f)	skumbria	[skumbria]
atum (m)	tuunikala	[tu:nikala]
enguia (f)	angerjas	[angerjas]
truta (f)	forell	[forelʲ]
sardinha (f)	sardiin	[sardi:n]
lúcio (m)	haug	[haug]
arenque (m)	heeringas	[he:ringas]
pão (m)	leib	[lejb]
queijo (m)	juust	[ju:sʲt]
açúcar (m)	suhkur	[suhkur]
sal (m)	sool	[so:lʲ]
arroz (m)	riis	[ri:s]
massas (f pl)	makaronid	[makaronit]
talharim (m)	lintnuudlid	[lintnu:tlit]
manteiga (f)	või	[ʋɜi]
óleo (m) vegetal	taimeõli	[taimeɜli]
óleo (m) de girassol	päevalilleõli	[pæeʋalilʲeɜli]
margarina (f)	margariin	[margari:n]
azeitonas (f pl)	oliivid	[oli:ʋit]
azeite (m)	oliivõli	[oli:ʋɜli]
leite (m)	piim	[pi:m]
leite (m) condensado	kondenspiim	[kondenspi:m]
iogurte (m)	jogurt	[jogurt]
nata (f) azeda	hapukoor	[hapuko:r]
nata (f) do leite	koor	[ko:r]

| maionese (f) | majonees | [majone:s] |
| creme (m) | kreem | [kre:m] |

grãos (m pl) de cereais	tangud	[tangut]
farinha (f)	jahu	[jahu]
enlatados (m pl)	konservid	[konserʋit]

flocos (m pl) de milho	maisihelbed	[maisihelʲbet]
mel (m)	mesi	[mesi]
doce (m)	džemm	[dʒemm]
pastilha (f) elástica	närimiskumm	[nærimiskumm]

53. Bebidas

água (f)	vesi	[ʋesi]
água (f) potável	joogivesi	[jo:giʋesi]
água (f) mineral	mineraalvesi	[minera:lʲʋesi]

sem gás	gaasita	[ga:sita]
gaseificada	gaseeritud	[gase:ritut]
com gás	gaasiga	[ga:siga]
gelo (m)	jää	[jæ:]
com gelo	jääga	[jæ:ga]

sem álcool	alkoholivaba	[alʲkoholiʋaba]
bebida (f) sem álcool	alkoholivaba jook	[alʲkoholiʋaba jo:k]
refresco (m)	karastusjook	[karasʲtusjo:k]
limonada (f)	limonaad	[limona:t]

bebidas (f pl) alcoólicas	alkoholsed joogid	[alʲkoho:lʲset jo:git]
vinho (m)	vein	[ʋejn]
vinho (m) branco	valge vein	[ʋalʲge ʋejn]
vinho (m) tinto	punane vein	[punane ʋejn]

licor (m)	liköör	[likø:r]
champanhe (m)	šampus	[ʃampus]
vermute (m)	vermut	[ʋermut]

uísque (m)	viski	[ʋiski]
vodka (f)	viin	[ʋi:n]
gim (m)	džinn	[dʒinn]
conhaque (m)	konjak	[lɪɒnjɑk]
rum (m)	rumm	[rumm]

café (m)	kohv	[kohʋ]
café (m) puro	must kohv	[musʲt kohʋ]
café (m) com leite	piimaga kohv	[pi:maga kohʋ]
cappuccino (m)	koorega kohv	[ko:rega kohʋ]
café (m) solúvel	lahustuv kohv	[lahusʲtuʋ kohʋ]

leite (m)	piim	[pi:m]
coquetel (m)	kokteil	[koktejlʲ]
batido (m) de leite	piimakokteil	[pi:makoktejlʲ]
sumo (m)	mahl	[mahlʲ]

sumo (m) de tomate	tomatimahl	[tomatimahlʲ]
sumo (m) de laranja	apelsinimahl	[apelʲsinimahlʲ]
sumo (m) fresco	värskelt pressitud mahl	[ʋærskelʲt pressitut mahlʲ]

cerveja (f)	õlu	[ɜlu]
cerveja (f) clara	hele õlu	[hele ɜlu]
cerveja (f) preta	tume õlu	[tume ɜlu]

chá (m)	tee	[te:]
chá (m) preto	must tee	[musʲt te:]
chá (m) verde	roheline tee	[roheline te:]

54. Vegetais

| legumes (m pl) | juurviljad | [ju:rʋiljat] |
| verduras (f pl) | maitseroheline | [maitseroheline] |

tomate (m)	tomat	[tomat]
pepino (m)	kurk	[kurk]
cenoura (f)	porgand	[porgant]
batata (f)	kartul	[kartulʲ]
cebola (f)	sibul	[sibulʲ]
alho (m)	küüslauk	[kʉ:slauk]

| couve (f) | kapsas | [kapsas] |
| couve-flor (f) | lillkapsas | [lilʲkapsas] |

| couve-de-bruxelas (f) | brüsseli kapsas | [brʉsseli kapsas] |
| brócolos (m pl) | brokkoli | [brokkoli] |

beterraba (f)	peet	[pe:t]
beringela (f)	baklažaan	[baklaʒa:n]
curgete (f)	suvikõrvits	[suʋikɜrʋits]

| abóbora (f) | kõrvits | [kɜrʋits] |
| nabo (m) | naeris | [naeris] |

salsa (f)	petersell	[peterselʲ]
funcho, endro (m)	till	[tilʲ]
alface (f)	salat	[salat]
aipo (m)	seller	[selʲer]

| espargo (m) | aspar | [aspar] |
| espinafre (m) | spinat | [spinat] |

| ervilha (f) | hernes | [hernes] |
| fava (f) | oad | [oat] |

| milho (m) | mais | [mais] |
| feijão (m) | aedoad | [aedoat] |

pimentão (m)	pipar	[pipar]
rabanete (m)	redis	[redis]
alcachofra (f)	artišokk	[artiʃokk]

55. Frutos. Nozes

fruta (f)	puuvili	[pu:ʋili]
maçã (f)	õun	[ɜun]
pera (f)	pirn	[pirn]
limão (m)	sidrun	[sidrun]
laranja (f)	apelsin	[apelʲsin]
morango (m)	aedmaasikas	[aedma:sikas]
tangerina (f)	mandariin	[mandari:n]
ameixa (f)	ploom	[plo:m]
pêssego (m)	virsik	[ʋirsik]
damasco (m)	aprikoos	[apriko:s]
framboesa (f)	vaarikas	[ʋa:rikas]
ananás (m)	ananass	[ananass]
banana (f)	banaan	[bana:n]
melancia (f)	arbuus	[arbu:s]
uva (f)	viinamarjad	[ʋi:namarjat]
ginja (f)	kirss	[kirss]
cereja (f)	murel	[murelʲ]
meloa (f)	melon	[melon]
toranja (f)	greip	[grejp]
abacate (m)	avokaado	[aʋoka:do]
papaia (f)	papaia	[papaia]
manga (f)	mango	[mango]
romã (f)	granaatõun	[grana:tɜun]
groselha (f) vermelha	punane sõstar	[punane sɜsʲtar]
groselha (f) preta	must sõstar	[musʲt sɜsʲtar]
groselha (f) espinhosa	karusmari	[karusmari]
mirtilo (m)	mustikas	[musʲtikas]
amora silvestre (f)	põldmari	[pɜlʲdmari]
uvas (f pl) passas	rosinad	[rosinat]
figo (m)	ingver	[inguer]
tâmara (f)	dattel	[dattelʲ]
amendoim (m)	maapähkel	[ma:pæhkelʲ]
amêndoa (f)	mandlipähkel	[mantlipæhkelʲ]
noz (f)	kreeka pähkel	[kre:ka pæhkelʲ]
avelã (f)	sarapuupähkel	[sarapu:pæhkelʲ]
coco (m)	kookospähkel	[ko:kospæhkelʲ]
pistáchios (m pl)	pistaatsiapähkel	[pisʲta:tsiapæhkelʲ]

56. Pão. Bolaria

pastelaria (f)	kondiitritooted	[kondi:trito:tet]
pão (m)	leib	[lejb]
bolacha (f)	küpsis	[kupsis]
chocolate (m)	šokolaad	[ʃokola:t]
de chocolate	šokolaadi-	[ʃokola:di-]

rebuçado (m)	komm	[komm]
bolo (cupcake, etc.)	kook	[ko:k]
bolo (m) de aniversário	tort	[tort]

| tarte (~ de maçã) | pirukas | [pirukas] |
| recheio (m) | täidis | [tæjdis] |

doce (m)	moos	[mo:s]
geleia (f) de frutas	marmelaad	[marmela:t]
waffle (m)	vahvlid	[ʋahʋlit]
gelado (m)	jäätis	[jæ:tis]

57. Especiarias

sal (m)	sool	[so:lʲ]
salgado	soolane	[so:lane]
salgar (vt)	soolama	[so:lama]

pimenta (f) preta	must pipar	[musʲt pipar]
pimenta (f) vermelha	punane pipar	[punane pipar]
mostarda (f)	sinep	[sinep]
raiz-forte (f)	mädarõigas	[mædarɜigas]

condimento (m)	maitseaine	[maitseaine]
especiaria (f)	vürts	[ʋʉrts]
molho (m)	kaste	[kasʲte]
vinagre (m)	äädikas	[æ:dikas]

anis (m)	aniis	[ani:s]
manjericão (m)	basiilik	[basi:lik]
cravo (m)	nelk	[nelʲk]
gengibre (m)	ingver	[ingʋer]
coentro (m)	koriander	[koriander]
canela (f)	kaneel	[kane:lʲ]

sésamo (m)	seesamiseemned	[se:samise:mnet]
folhas (f pl) de louro	loorber	[lo:rber]
páprica (f)	paprika	[paprika]
cominho (m)	köömned	[kø:mnet]
açafrão (m)	safran	[safran]

INFORMAÇÃO PESSOAL. FAMÍLIA

58. Informação pessoal. Formulários

nome (m)	eesnimi	[e:snimi]
apelido (m)	perekonnnimi	[perekonnnimi]
data (f) de nascimento	sünniaeg	[sʉnniaeg]
local (m) de nascimento	sünnikoht	[sʉnnikoht]
nacionalidade (f)	rahvus	[rahʋus]
lugar (m) de residência	elukoht	[elukoht]
país (m)	riik	[ri:k]
profissão (f)	elukutse	[elukutse]
sexo (m)	sugu	[sugu]
estatura (f)	kasv	[kasʋ]
peso (m)	kaal	[ka:lʲ]

59. Membros da família. Parentes

mãe (f)	ema	[ema]
pai (m)	isa	[isa]
filho (m)	poeg	[poeg]
filha (f)	tütar	[tʉtar]
filha (f) mais nova	noorem tütar	[no:rem tʉtar]
filho (m) mais novo	noorem poeg	[no:rem poeg]
filha (f) mais velha	vanem tütar	[ʋanem tʉtar]
filho (m) mais velho	vanem poeg	[ʋanem poeg]
irmão (m)	vend	[ʋent]
irmão (m) mais velho	vanem vend	[ʋanem ʋent]
irmão (m) mais novo	noorem vend	[no:rem ʋent]
irmã (f)	õde	[ɜde]
irmã (f) mais velha	vanem õde	[ʋanem ɜde]
irmã (f) mais nova	noorem õde	[no:rem ɜde]
primo (m)	onupoeg	[onupoeg]
prima (f)	onutütar	[onutʉtar]
mamã (f)	mamma	[mamma]
papá (m)	papa	[papa]
pais (pl)	vanemad	[ʋanemat]
criança (f)	laps	[laps]
crianças (f pl)	lapsed	[lapset]
avó (f)	vanaema	[ʋanaema]
avô (m)	vanaisa	[ʋanaisa]
neto (m)	lapselaps	[lapselaps]

neta (f)	lapselaps	[lapselaps]
netos (pl)	lapselapsed	[lapselapset]

tio (m)	onu	[onu]
tia (f)	tädi	[tædi]
sobrinho (m)	vennapoeg	[ʋennapoeg]
sobrinha (f)	vennatütar	[ʋennatʉtar]

sogra (f)	ämm	[æmm]
sogro (m)	äi	[æj]
genro (m)	väimees	[ʋæjmeːs]
madrasta (f)	võõrasema	[ʋɤːrasema]
padrasto (m)	võõrasisa	[ʋɤːrasisa]

criança (f) de colo	rinnalaps	[rinnalaps]
bebé (m)	imik	[imik]
menino (m)	väikelaps	[ʋæjkelaps]

mulher (f)	naine	[naine]
marido (m)	mees	[meːs]
esposo (m)	abikaasa	[abikaːsa]
esposa (f)	abikaasa	[abikaːsa]

casado	abielus	[abielus]
casada	abielus	[abielus]
solteiro	vallaline	[ʋalʲæline]
solteirão (m)	vanapoiss	[ʋanapojss]
divorciado	lahutatud	[lahutatut]
viúva (f)	lesk	[lesk]
viúvo (m)	lesk	[lesk]

parente (m)	sugulane	[sugulane]
parente (m) próximo	lähedane sugulane	[lʲæhedane sugulane]
parente (m) distante	kaugelt sugulane	[kaugelʲt sugulane]
parentes (m pl)	sugulased	[sugulaset]

órfão (m), órfã (f)	orb	[orb]
tutor (m)	eestkostja	[eːsʲtkosʲtja]
adotar (um filho)	lapsendama	[lapsendama]
adotar (uma filha)	lapsendama	[lapsendama]

60. Amigos. Colegas de trabalho

amigo (m)	sõber	[sɜber]
amiga (f)	sõbranna	[sɜbranna]
amizade (f)	sõprus	[sɜprus]
ser amigos	sõber olla	[sɜber olʲæ]

amigo (m)	sõber	[sɜber]
amiga (f)	sõbranna	[sɜbranna]
parceiro (m)	partner	[partner]

chefe (m)	šeff	[ʃeff]
superior (m)	ülemus	[ʉlemus]

proprietário (m)	**omanik**	[omanik]
subordinado (m)	**alluv**	[alʲuʋ]
colega (m)	**kolleeg**	[kolʲeːg]
conhecido (m)	**tuttav**	[tuttaʋ]
companheiro (m) de viagem	**teekaaslane**	[teːkaːslane]
colega (m) de classe	**klassikaaslane**	[klassikaːslane]
vizinho (m)	**naaber**	[naːber]
vizinha (f)	**naabrinaine**	[naːbrinaine]
vizinhos (pl)	**naabrid**	[naːbrit]

CORPO HUMANO. MEDICINA

61. Cabeça

cabeça (f)	pea	[pea]
cara (f)	nägu	[nægu]
nariz (m)	nina	[nina]
boca (f)	suu	[su:]
olho (m)	silm	[silʲm]
olhos (m pl)	silmad	[silʲmat]
pupila (f)	silmatera	[silʲmatera]
sobrancelha (f)	kulm	[kulʲm]
pestana (f)	ripse	[ripse]
pálpebra (f)	silmalaug	[silʲmalaug]
língua (f)	keel	[ke:lʲ]
dente (m)	hammas	[hammas]
lábios (m pl)	huuled	[hu:let]
maçãs (f pl) do rosto	põsesarnad	[pɜsesarnat]
gengiva (f)	ige	[ige]
palato (m)	suulagi	[su:lagi]
narinas (f pl)	sõõrmed	[sɜ:rmet]
queixo (m)	lõug	[lɜug]
mandíbula (f)	lõualuu	[lɜualu:]
bochecha (f)	põsk	[pɜsk]
testa (f)	laup	[laup]
têmpora (f)	meelekoht	[me:lekoht]
orelha (f)	kõrv	[kɜrʊ]
nuca (f)	kukal	[kukalʲ]
pescoço (m)	kael	[kaelʲ]
garganta (f)	kõri	[kɜri]
cabelos (m pl)	juuksed	[ju:kset]
penteado (m)	soeng	[soeng]
corte (m) de cabelo	juukselõikus	[ju:kselɜikus]
peruca (f)	parukas	[parukas]
bigode (m)	vuntsid	[ʊuntsit]
barba (f)	habe	[habe]
usar, ter (~ barba, etc.)	kandma	[kandma]
trança (f)	pats	[pats]
suíças (f pl)	bakenbardid	[bakenbardit]
ruivo	punapea	[punapea]
grisalho	hall	[halʲ]
calvo	kiilas	[ki:las]
calva (f)	kiilaspea	[ki:laspea]

| rabo-de-cavalo (m) | hobusesaba | [hobusesaba] |
| franja (f) | tukk | [tukk] |

62. Corpo humano

| mão (f) | käelaba | [kæɘlaba] |
| braço (m) | käsi | [kæsi] |

dedo (m)	sõrm	[sɜrm]
dedo (m) do pé	varvas	[ʋarʋas]
polegar (m)	pöial	[pøialʲ]
dedo (m) mindinho	väike sõrm	[ʋæjke sɜrm]
unha (f)	küüs	[kʉːs]

punho (m)	rusikas	[rusikas]
palma (f) da mão	peopesa	[peopesa]
pulso (m)	ranne	[ranne]
antebraço (m)	küünarvars	[kʉːnarʋars]
cotovelo (m)	küünarnukk	[kʉːnarnukk]
ombro (m)	õlg	[ɜlʲg]

perna (f)	säär	[sæːr]
pé (m)	jalalaba	[jalalaba]
joelho (m)	põlv	[pɜlʲʊ]
barriga (f) da perna	sääremari	[sæːremari]
anca (f)	puus	[puːs]
calcanhar (m)	kand	[kant]

corpo (m)	keha	[keha]
barriga (f)	kõht	[kɜht]
peito (m)	rind	[rint]
seio (m)	rind	[rint]
lado (m)	külg	[kʉlʲg]
costas (f pl)	selg	[selʲg]
região (f) lombar	ristluud	[risʲtluːt]
cintura (f)	talje	[talje]

umbigo (m)	naba	[naba]
nádegas (f pl)	tuharad	[tuharat]
traseiro (m)	tagumik	[tagumik]

sinal (m)	sünnimärk	[sʉnnimærk]
sinal (m) de nascença	sünnimärk	[sʉnnimærk]
tatuagem (f)	tätoveering	[tætoʋeːring]
cicatriz (f)	arm	[arm]

63. Doenças

doença (f)	haigus	[haigus]
estar doente	haige olema	[haige olema]
saúde (f)	tervis	[terʋis]
nariz (m) a escorrer	nohu	[nohu]

amigdalite (f)	angiin	[angi:n]
constipação (f)	külmetus	[kɯlʲmetus]
constipar-se (vr)	külmetuma	[kɯlʲmetuma]
bronquite (f)	bronhiit	[bronhi:t]
pneumonia (f)	kopsupõletik	[kopsupɜletik]
gripe (f)	gripp	[gripp]
míope	lühinägelik	[lɯhinægelik]
presbita	kaugenägelik	[kaugenægelik]
estrabismo (m)	kõõrdsilmsus	[kɜ:rdsilʲmsus]
estrábico	kõõrdsilmne	[kɜ:rdsilʲmne]
catarata (f)	katarakt	[katarakt]
glaucoma (m)	glaukoom	[glauko:m]
AVC (m), apoplexia (f)	insult	[insulʲt]
ataque (m) cardíaco	infarkt	[infarkt]
enfarte (m) do miocárdio	müokardi infarkt	[mɯokardi infarkt]
paralisia (f)	halvatus	[halʲʋatus]
paralisar (vt)	halvama	[halʲʋama]
alergia (f)	allergia	[alʲergia]
asma (f)	astma	[asʲtma]
diabetes (f)	diabeet	[diabe:t]
dor (f) de dentes	hambavalu	[hambaʋalu]
cárie (f)	kaaries	[ka:ries]
diarreia (f)	kõhulahtisus	[kɜhulahtisus]
prisão (f) de ventre	kõhukinnisus	[kɜhukinnisus]
desarranjo (m) intestinal	kõhulahtisus	[kɜhulahtisus]
intoxicação (f) alimentar	mürgitus	[mɯrgitus]
intoxicar-se	mürgitust saama	[mɯrgitusʲt sa:ma]
artrite (f)	artriit	[artri:t]
raquitismo (m)	rahhiit	[rahhi:t]
reumatismo (m)	reuma	[reuma]
arteriosclerose (f)	ateroskleroos	[aterosklero:s]
gastrite (f)	gastriit	[gasʲtri:t]
apendicite (f)	apenditsiit	[apenditsi:t]
colecistite (f)	koletsüstiit	[koletsɯsʲti:t]
úlcera (f)	haavand	[ha:ʋant]
sarampo (m)	leetrid	[le:trit]
rubéola (f)	punetised	[punetiset]
iterícia (f)	kollatõbi	[kolʲætɜbi]
hepatite (f)	hepatiit	[hepati:t]
esquizofrenia (f)	skisofreenia	[skisofre:nia]
raiva (f)	marutaud	[marutaut]
neurose (f)	neuroos	[neuro:s]
comoção (f) cerebral	ajuvapustus	[ajuʋapusʲtus]
cancro (m)	vähk	[ʋæhk]
esclerose (f)	skleroos	[sklero:s]

esclerose (f) múltipla	hajameelne skleroos	[hajame:lⁱne sklero:s]
alcoolismo (m)	alkoholism	[alⁱkoholism]
alcoólico (m)	alkohoolik	[alⁱkoho:lik]
sífilis (f)	süüfilis	[su:filis]
SIDA (f)	AIDS	[aids]

tumor (m)	kasvaja	[kasʋaja]
maligno	pahaloomuline	[pahalo:muline]
benigno	healoomuline	[healo:muline]

febre (f)	palavik	[palaʋik]
malária (f)	malaaria	[mala:ria]
gangrena (f)	gangreen	[gangre:n]
enjoo (m)	merehaigus	[merehaigus]
epilepsia (f)	epilepsia	[epilepsia]

epidemia (f)	epideemia	[epide:mia]
tifo (m)	tüüfus	[tu:fus]
tuberculose (f)	tuberkuloos	[tuberkulo:s]
cólera (f)	koolera	[ko:lera]
peste (f)	katk	[katk]

64. Sintomas. Tratamentos. Parte 1

sintoma (m)	sümptom	[sumptom]
temperatura (f)	temperatuur	[temperatu:r]
febre (f)	kõrge palavik	[kɜrge palaʋik]
pulso (m)	pulss	[pulⁱss]

vertigem (f)	peapööritus	[peapø:ritus]
quente (testa, etc.)	kuum	[ku:m]
calafrio (m)	vappekülm	[ʋappekulⁱm]
pálido	kahvatu	[kahʋatu]

tosse (f)	köha	[køha]
tossir (vi)	köhima	[køhima]
espirrar (vi)	aevastama	[aeʋasⁱtama]
desmaio (m)	minestus	[minesⁱtus]
desmaiar (vi)	teadvust kaotama	[teadʋusⁱt kaotama]

nódoa (f) negra	sinikas	[sinikas]
galo (m)	muhk	[muhk̡]
magoar-se (vr)	ära lööma	[æra lø:ma]
pisadura (f)	haiget saanud koht	[haiget sa:nut koht]
aleijar-se (vr)	haiget saama	[haiget sa:ma]

coxear (vi)	lonkama	[lonkama]
deslocação (f)	nihestus	[nihesⁱtus]
deslocar (vt)	nihestama	[nihesⁱtama]
fratura (f)	luumurd	[lu:murt]
fraturar (vt)	luud murdma	[lu:t murdma]

corte (m)	lõikehaav	[lɜikeha:ʋ]
cortar-se (vr)	endale sisse lõikama	[endale sisse lɜikama]

hemorragia (f)	verejooks	[ʋerejo:ks]
queimadura (f)	põletushaav	[pɜletusha:ʋ]
queimar-se (vr)	end ära põletama	[ent æra pɜletama]

picar (vt)	torkama	[torkama]
picar-se (vr)	end torkama	[ent torkama]
lesionar (vt)	kergelt haavama	[kergelʲt ha:ʋama]
lesão (m)	vigastus	[ʋigasʲtus]
ferida (f), ferimento (m)	haav	[ha:ʋ]
trauma (m)	trauma	[trauma]

delirar (vi)	sonima	[sonima]
gaguejar (vi)	kokutama	[kokutama]
insolação (f)	päiksepiste	[pæjksepisʲte]

65. Sintomas. Tratamentos. Parte 2

dor (f)	valu	[ʋalu]
farpa (no dedo)	pind	[pint]

suor (m)	higi	[higi]
suar (vi)	higistama	[higisʲtama]
vómito (m)	okse	[okse]
convulsões (f pl)	krambid	[krambit]

grávida	rase	[rase]
nascer (vi)	sündima	[sʉndima]
parto (m)	sünnitus	[sʉnnitus]
dar à luz	sünnitama	[sʉnnitama]
aborto (m)	abort	[abort]

respiração (f)	hingamine	[hingamine]
inspiração (f)	sissehingamine	[sissehingamine]
expiração (f)	väljahingamine	[ʋæljahingamine]
expirar (vi)	välja hingama	[ʋælja hingama]
inspirar (vi)	sisse hingama	[sisse hingama]

inválido (m)	invaliid	[inʋali:t]
aleijado (m)	vigane	[ʋigane]
toxicodependente (m)	narkomaan	[narkoma:n]

surdo	kurt	[kurt]
mudo	tumm	[tumm]
surdo-mudo	kurttumm	[kurttumm]

louco (adj.)	hullumeelne	[hulʲume:lʲne]
louco (m)	vaimuhaige	[ʋaimuhaige]
louca (f)	vaimuhaige	[ʋaimuhaige]
ficar louco	hulluks minema	[hulʲuks minema]

gene (m)	geen	[ge:n]
imunidade (f)	immuniteet	[immunite:t]
hereditário	pärilik	[pærilik]
congénito	kaasasündinud	[ka:sasʉndinut]

vírus (m)	viirus	[ʋi:rus]
micróbio (m)	mikroob	[mikro:b]
bactéria (f)	bakter	[bakter]
infeção (f)	nakkus	[nakkus]

66. Sintomas. Tratamentos. Parte 3

| hospital (m) | haigla | [haigla] |
| paciente (m) | patsient | [patsient] |

diagnóstico (m)	diagnoos	[diagno:s]
cura (f)	iseravimine	[iseraʋimine]
tratamento (m) médico	ravimine	[raʋimine]
curar-se (vr)	ennast ravima	[ennasʲt raʋima]
tratar (vt)	ravima	[raʋima]
cuidar (pessoa)	hoolitsema	[ho:litsema]
cuidados (m pl)	hoolitsus	[ho:litsus]

operação (f)	operatsioon	[operatsio:n]
enfaixar (vt)	siduma	[siduma]
enfaixamento (m)	sidumine	[sidumine]

vacinação (f)	vaktsineerimine	[ʋaktsine:rimine]
vacinar (vt)	vaktsineerima	[ʋaktsine:rima]
injeção (f)	süst	[suʂt]
dar uma injeção	süstima	[suʂtima]

ataque (~ de asma, etc.)	haigushoog	[haigusho:g]
amputação (f)	amputeerimine	[ampute:rimine]
amputar (vt)	amputeerima	[ampute:rima]
coma (f)	kooma	[ko:ma]
estar em coma	koomas olema	[ko:mas olema]
reanimação (f)	reanimatsioon	[reanimatsio:n]

recuperar-se (vr)	terveks saama	[terʋeks sa:ma]
estado (~ de saúde)	seisund	[sejsunt]
consciência (f)	teadvus	[teadʋus]
memória (f)	mälu	[mælu]

tirar (vt)	hammast välja tõmbama	[hammasʲt ʋælja tɜmbama]
chumbo (m), obturação (f)	plomm	[plomm]
chumbar, obturar (vt)	plombeerima	[plombeɪrima]

| hipnose (f) | hüpnoos | [hupno:s] |
| hipnotizar (vt) | hüpnotiseerima | [hupnotise:rima] |

67. Medicina. Drogas. Acessórios

medicamento (m)	ravim	[raʋim]
remédio (m)	vahend	[ʋahent]
receitar (vt)	välja kirjutama	[ʋælja kirjutama]
receita (f)	retsept	[retsept]

comprimido (m)	tablett	[tablett]
pomada (f)	salv	[salʲʋ]
ampola (f)	ampull	[ampulʲ]
preparado (m)	mikstuur	[miksʲtu:r]
xarope (m)	siirup	[si:rup]
cápsula (f)	pill	[pilʲ]
remédio (m) em pó	pulber	[pulʲber]
ligadura (f)	side	[side]
algodão (m)	vatt	[ʋatt]
iodo (m)	jood	[jo:t]
penso (m) rápido	plaaster	[pla:sʲter]
conta-gotas (m)	pipett	[pipett]
termómetro (m)	kraadiklaas	[kra:dikla:s]
seringa (f)	süstal	[süsʲtalʲ]
cadeira (f) de rodas	invaliidikäru	[inʋali:dikæru]
muletas (f pl)	kargud	[kargut]
analgésico (m)	valuvaigisti	[ʋaluʋaigisʲti]
laxante (m)	kõhulahtisti	[kɜhulahtisʲti]
álcool (m) etílico	piiritus	[pi:ritus]
ervas (f pl) medicinais	maarohud	[ma:rohut]
de ervas (chá ~)	maarohtudest	[ma:rohtudesʲt]

APARTAMENTO

68. Apartamento

apartamento (m)	korter	[korter]
quarto (m)	tuba	[tuba]
quarto (m) de dormir	magamistuba	[magamisˈtuba]
sala (f) de jantar	söögituba	[søːgituba]
sala (f) de estar	külalistuba	[kʉlalisˈtuba]
escritório (m)	kabinet	[kabinet]
antessala (f)	esik	[esik]
quarto (m) de banho	vannituba	[ʋannituba]
toilette (lavabo)	tualett	[tualett]
teto (m)	lagi	[lagi]
chão, soalho (m)	põrand	[pɜrant]
canto (m)	nurk	[nurk]

69. Mobiliário. Interior

mobiliário (m)	mööbel	[møːbelʲ]
mesa (f)	laud	[laut]
cadeira (f)	tool	[toːlʲ]
cama (f)	voodi	[ʋoːdi]
divã (m)	diivan	[diːʋan]
cadeirão (m)	tugitool	[tugitoːlʲ]
estante (f)	raamatukapp	[raːmatukapp]
prateleira (f)	raamaturiiul	[raːmaturiːulʲ]
guarda-vestidos (m)	riidekapp	[riːdekapp]
cabide (m) de parede	varn	[ʋarn]
cabide (m) de pé	nagi	[nagi]
cómoda (f)	kummut	[kummut]
mesinha (f) de centro	diivanlaud	[diːʋanilaut]
espelho (m)	peegel	[peːgelʲ]
tapete (m)	vaip	[ʋaip]
tapete (m) pequeno	uksematt	[uksematt]
lareira (f)	kamin	[kamin]
vela (f)	küünal	[kʉːnalʲ]
castiçal (m)	küünlajalg	[kʉːnlajalʲg]
cortinas (f pl)	külgkardinad	[kʉlʲgkardinat]
papel (m) de parede	tapeet	[tapeːt]

estores (f pl)	ribakardinad	[ribakardinat]
candeeiro (m) de mesa	laualamp	[laualamp]
candeeiro (m) de parede	valgusti	[valʲgusʲti]
candeeiro (m) de pé	põrandalamp	[pɜrandalamp]
lustre (m)	lühter	[lʉhter]

pé (de mesa, etc.)	jalg	[jalʲg]
braço (m)	käetugi	[kæətugi]
costas (f pl)	seljatugi	[seljatugi]
gaveta (f)	sahtel	[sahtelʲ]

70. Quarto de dormir

roupa (f) de cama	voodipesu	[ʋoːdipesu]
almofada (f)	padi	[padi]
fronha (f)	padjapüür	[padjapʉːr]
cobertor (m)	tekk	[tekk]
lençol (m)	voodilina	[ʋoːdilina]
colcha (f)	voodikate	[ʋoːdikate]

71. Cozinha

cozinha (f)	köök	[køːk]
gás (m)	gaas	[gaːs]
fogão (m) a gás	gaasipliit	[gaːsipliːt]
fogão (m) elétrico	elektripliit	[elektripliːt]
forno (m)	praeahi	[praeahi]
forno (m) de micro-ondas	mikrolaineahi	[mikrolaineahi]

frigorífico (m)	külmkapp	[kʉlʲmkapp]
congelador (m)	jääkapp	[jæːkapp]
máquina (f) de lavar louça	nõudepesumasin	[nɜudepesumasin]

moedor (m) de carne	hakklihamasin	[hakklihamasin]
espremedor (m)	mahlapress	[mahlapress]
torradeira (f)	röster	[røsʲter]
batedeira (f)	mikser	[mikser]

máquina (f) de café	kohvikeetja	[kohʋikeːtja]
cafeteira (f)	kohvikann	[kohʋikann]
moinho (m) de café	kohviveski	[kohʋiʋeski]

chaleira (f)	veekeetja	[ʋeːkeːtja]
bule (m)	teekann	[teːkann]
tampa (f)	kaas	[kaːs]
coador (m) de chá	teesõel	[teːsɜelʲ]

colher (f)	lusikas	[lusikas]
colher (f) de chá	teelusikas	[teːlusikas]
colher (f) de sopa	supilusikas	[supilusikas]
garfo (m)	kahvel	[kahʋelʲ]
faca (f)	nuga	[nuga]

73

louça (f)	toidunõud	[tojdunɜut]
prato (m)	taldrik	[talʲdrik]
pires (m)	alustass	[alusʲtass]

cálice (m)	napsiklaas	[napsikla:s]
copo (m)	klaas	[kla:s]
chávena (f)	tass	[tass]

açucareiro (m)	suhkrutoos	[suhkruto:s]
saleiro (m)	soolatoos	[so:lato:s]
pimenteiro (m)	pipratops	[pipratops]
manteigueira (f)	võitoos	[vɜito:s]

panela, caçarola (f)	pott	[pott]
frigideira (f)	pann	[pann]
concha (f)	supikulp	[supikulʲp]
passador (m)	kurnkopsik	[kurnkopsik]
bandeja (f)	kandik	[kandik]

garrafa (f)	pudel	[pudelʲ]
boião (m) de vidro	klaaspurk	[kla:spurk]
lata (f)	plekkpurk	[plekkpurk]

abre-garrafas (m)	pudeliavaja	[pudeliavaja]
abre-latas (m)	konserviavaja	[konserʋiaʋaja]
saca-rolhas (m)	korgitser	[korgitser]
filtro (m)	filter	[filʲter]
filtrar (vt)	filtreerima	[filʲtre:rima]

| lixo (m) | prügi | [prʉgi] |
| balde (m) do lixo | prügiämber | [prʉgiæmber] |

72. Casa de banho

quarto (m) de banho	vannituba	[ʋannituba]
água (f)	vesi	[ʋesi]
torneira (f)	kraan	[kra:n]
água (f) quente	soe vesi	[soe ʋesi]
água (f) fria	külm vesi	[kʉlʲm ʋesi]

pasta (f) de dentes	hambapasta	[hambapasʲta]
escovar os dentes	hambaid pesema	[hambait pesema]
escova (f) de dentes	hambahari	[hambahari]

barbear-se (vr)	habet ajama	[habet ajama]
espuma (f) de barbear	habemeajamiskreem	[habemeajamiskre:m]
máquina (f) de barbear	pardel	[pardelʲ]

lavar (vt)	pesema	[pesema]
lavar-se (vr)	ennast pesema	[ennasʲt pesema]
duche (m)	dušš	[duʃʃ]
tomar um duche	duši all käima	[duʃi alʲ kæjma]
banheira (f)	vann	[ʋann]
sanita (f)	WC-pott	[ʋetse pott]

lavatório (m)	kraanikauss	[kra:nikauss]
sabonete (m)	seep	[se:p]
saboneteira (f)	seebikarp	[se:bikarp]

esponja (f)	nuustik	[nu:sⁱtik]
champô (m)	šampoon	[ʃampo:n]
toalha (f)	käterätik	[kæterætik]
roupão (m) de banho	hommikumantel	[hommikumantelʲ]

lavagem (f)	pesupesemine	[pesupesemine]
máquina (f) de lavar	pesumasin	[pesumasin]
lavar a roupa	pesu pesema	[pesu pesema]
detergente (m)	pesupulber	[pesupulʲber]

73. Eletrodomésticos

televisor (m)	televiisor	[teleui:sor]
gravador (m)	magnetofon	[magnetofon]
videogravador (m)	videomagnetofon	[uideomagnetofon]
rádio (m)	raadio	[ra:dio]
leitor (m)	pleier	[plejer]

projetor (m)	videoprojektor	[uideoprojektor]
cinema (m) em casa	kodukino	[kodukino]
leitor (m) de DVD	DVD-mängija	[dud-mængija]
amplificador (m)	võimendi	[u3imendi]
console (f) de jogos	mängukonsool	[mængukonso:lʲ]

câmara (f) de vídeo	videokaamera	[uideoka:mera]
máquina (f) fotográfica	fotoaparaat	[fotoapara:t]
câmara (f) digital	fotokaamera	[fotoka:mera]

aspirador (m)	tolmuimeja	[tolʲmuimeja]
ferro (m) de engomar	triikraud	[tri:kraut]
tábua (f) de engomar	triikimislaud	[tri:kimislaut]

telefone (m)	telefon	[telefon]
telemóvel (m)	mobiiltelefon	[mobi:lʲtelefon]
máquina (f) de escrever	kirjutusmasin	[kirjutusmasin]
máquina (f) de costura	õmblusmasin	[3mblusmasin]

microfone (m)	mikrofon	[mikrofon]
auscultadores (m pl)	kõrvaklapid	[k3ruaklapit]
controlo remoto (m)	pult	[pulʲt]

CD (m)	CD-plaat	[tsede pla:t]
cassete (f)	kassett	[kassett]
disco (m) de vinil	heliplaat	[helipla:t]

A TERRA. TEMPO

74. Espaço sideral

cosmos (m)	kosmos	[kosmos]
cósmico	kosmiline	[kosmiline]
espaço (m) cósmico	maailmaruum	[ma:ilʲmaru:m]
mundo (m)	maailm	[ma:ilʲm]
universo (m)	universum	[uniʋersum]
galáxia (f)	galaktika	[galaktika]
estrela (f)	täht	[tæht]
constelação (f)	tähtkuju	[tæhtkuju]
planeta (m)	planeet	[plane:t]
satélite (m)	satelliit	[satelʲi:t]
meteorito (m)	meteoriit	[meteori:t]
cometa (m)	komeet	[kome:t]
asteroide (m)	asteroid	[asʲterojt]
órbita (f)	orbiit	[orbi:t]
girar (vi)	keerlema	[ke:rlema]
atmosfera (f)	atmosfäär	[atmosfæ:r]
Sol (m)	Päike	[pæjke]
Sistema (m) Solar	Päikesesüsteem	[pæjkesesusʲte:m]
eclipse (m) solar	päiksevarjutus	[pæjkseʋarjutus]
Terra (f)	Maa	[ma:]
Lua (f)	Kuu	[ku:]
Marte (m)	Marss	[marss]
Vénus (f)	Veenus	[ʋe:nus]
Júpiter (m)	Jupiter	[jupiter]
Saturno (m)	Saturn	[saturn]
Mercúrio (m)	Merkuur	[merku:r]
Urano (m)	Uraan	[ura:n]
Neptuno (m)	Neptuun	[neptu:n]
Plutão (m)	Pluuto	[plu:to]
Via Láctea (f)	Linnutee	[linnute:]
Ursa Maior (f)	Suur Vanker	[su:r ʋanker]
Estrela Polar (f)	Põhjanael	[pɜhjanaelʲ]
marciano (m)	marslane	[marslane]
extraterrestre (m)	võõra planeedi asukas	[ʋɜ:ra plane:di asukas]
alienígena (m)	tulnukas	[tulʲnukas]

disco (m) voador	lendav taldrik	[lendɑu talˑdrik]
nave (f) espacial	kosmoselaev	[kosmoselaeu]
estação (f) orbital	orbitaaljaam	[orbita:lja:m]
lançamento (m)	start	[sˑtart]

motor (m)	mootor	[mo:tor]
bocal (m)	düüs	[dʉ:s]
combustível (m)	kütus	[kʉtus]

| cabine (f) | kabiin | [kabi:n] |
| antena (f) | antenn | [antenn] |

vigia (f)	illuminaator	[ilˑumina:tor]
bateria (f) solar	päikesepatarei	[pæjkesepatarej]
traje (m) espacial	skafander	[skafander]

| imponderabilidade (f) | kaaluta olek | [ka:luta olek] |
| oxigénio (m) | hapnik | [hapnik] |

| acoplagem (f) | põkkumine | [pɜkkumine] |
| fazer uma acoplagem | põkkama | [pɜkkama] |

| observatório (m) | observatoorium | [obseruato:rium] |
| telescópio (m) | teleskoop | [telesko:p] |

| observar (vt) | jälgima | [jælˑgima] |
| explorar (vt) | uurima | [u:rima] |

75. A Terra

Terra (f)	Maa	[ma:]
globo terrestre (Terra)	maakera	[ma:kera]
planeta (m)	planeet	[plane:t]

atmosfera (f)	atmosfäär	[atmosfæ:r]
geografia (f)	geograafia	[geogra:fia]
natureza (f)	loodus	[lo:dus]

globo (mapa esférico)	gloobus	[glo:bus]
mapa (m)	kaart	[ka:rt]
atlas (m)	atlas	[atlas]

| Europa (f) | Euroopa | [euro:pa] |
| Ásia (f) | Aasia | [a:sia] |

| África (f) | Aafrika | [a:frika] |
| Austrália (f) | Austraalia | [ausˑtra:lia] |

América (f)	Ameerika	[ame:rika]
América (f) do Norte	Põhja-Ameerika	[pɜhja-ame:rika]
América (f) do Sul	Lõuna-Ameerika	[lɜuna-ame:rika]

| Antártida (f) | Antarktis | [antarktis] |
| Ártico (m) | Arktika | [arktika] |

76. Pontos cardeais

norte (m)	põhi	[pɜhi]
para norte	põhja	[pɜhja]
no norte	põhjas	[pɜhjas]
do norte	põhja-	[pɜhja-]

sul (m)	lõuna	[lɜuna]
para sul	lõunasse	[lɜunasse]
no sul	lõunas	[lɜunas]
do sul	lõuna-	[lɜuna-]

oeste, ocidente (m)	lääs	[lʲæ:s]
para oeste	läände	[lʲæ:nde]
no oeste	läänes	[lʲæ:nes]
ocidental	lääne-	[lʲæ:ne-]

leste, oriente (m)	ida	[ida]
para leste	itta	[itta]
no leste	idas	[idas]
oriental	ida-	[ida-]

77. Mar. Oceano

mar (m)	meri	[meri]
oceano (m)	ookean	[o:kean]
golfo (m)	laht	[laht]
estreito (m)	väin	[ʋæjn]

terra (f) firme	maismaa	[maisma:]
continente (m)	manner	[manner]
ilha (f)	saar	[sa:r]
península (f)	poolsaar	[po:lʲsa:r]
arquipélago (m)	arhipelaag	[arhipela:g]

baía (f)	laht	[laht]
porto (m)	sadam	[sadam]
lagoa (f)	laguun	[lagu:n]
cabo (m)	neem	[ne:m]

atol (m)	atoll	[atolʲ]
recife (m)	riff	[riff]
coral (m)	korall	[koralʲ]
recife (m) de coral	korallrahu	[koralʲrahu]

profundo	sügav	[sʉgaʋ]
profundidade (f)	sügavus	[sʉgaʋus]
abismo (m)	sügavik	[sʉgaʋik]
fossa (f) oceânica	nõgu	[nɜgu]

corrente (f)	hoovus	[ho:ʋus]
banhar (vt)	uhtuma	[uhtuma]
litoral (m)	rand	[rant]

costa (f)	rannik	[rannik]
maré (f) alta	tõus	[tɜus]
refluxo (m), maré (f) baixa	mõõn	[mɜ:n]
restinga (f)	madalik	[madalik]
fundo (m)	põhi	[pɜhi]

onda (f)	laine	[laine]
crista (f) da onda	lainehari	[lainehari]
espuma (f)	vaht	[ʋaht]

tempestade (f)	torm	[torm]
furacão (m)	orkaan	[orka:n]
tsunami (m)	tsunami	[tsunami]
calmaria (f)	tuulevaikus	[tu:leʋaikus]
calmo	rahulik	[rahulik]

| polo (m) | poolus | [po:lus] |
| polar | polaar- | [pola:r-] |

latitude (f)	laius	[laius]
longitude (f)	pikkus	[pikkus]
paralela (f)	paralleel	[paralʲe:lʲ]
equador (m)	ekvaator	[ekʋa:tor]

céu (m)	taevas	[taeʋas]
horizonte (m)	silmapiir	[silʲmapi:r]
ar (m)	õhk	[ɜhk]

farol (m)	majakas	[majakas]
mergulhar (vi)	sukelduma	[sukelʲduma]
afundar-se (vr)	uppuma	[uppuma]
tesouros (m pl)	aarded	[a:rdet]

78. Nomes de Mares e Oceanos

Oceano (m) Atlântico	Atlandi ookean	[atlandi o:kean]
Oceano (m) Índico	India ookean	[india o:kean]
Oceano (m) Pacífico	Vaikne ookean	[ʋaikne o:kean]
Oceano (m) Ártico	Põhja-Jäämeri	[pɜhja-jæ:meri]

Mar (m) Negro	Must meri	[musʲt meri]
Mar (m) Vermelho	Punane meri	[punane meri]
Mar (m) Amarelo	Kollane meri	[kolʲæne meri]
Mar (m) Branco	Valge meri	[ʋalʲge meri]

Mar (m) Cáspio	Kaspia meri	[kaspia meri]
Mar (m) Morto	Surnumeri	[surnumeri]
Mar (m) Mediterrâneo	Vahemeri	[ʋahemeri]

| Mar (m) Egeu | Egeuse meri | [egeuse meri] |
| Mar (m) Adriático | Aadria meri | [a:dria meri] |

| Mar (m) Arábico | Araabia meri | [ara:bia meri] |
| Mar (m) do Japão | Jaapani meri | [ja:pani meri] |

Mar (m) de Bering	Beringi meri	[beringi meri]
Mar (m) da China Meridional	Lõuna-Hiina meri	[lɜuna-hi:na meri]
Mar (m) de Coral	Korallide meri	[koralʲide meri]
Mar (m) de Tasman	Tasmaania meri	[tasma:nia meri]
Mar (m) do Caribe	Kariibi meri	[kari:bi meri]
Mar (m) de Barents	Barentsi meri	[barentsi meri]
Mar (m) de Kara	Kara meri	[kara meri]
Mar (m) do Norte	Põhjameri	[pɜhjameri]
Mar (m) Báltico	Läänemeri	[lʲæ:nemeri]
Mar (m) da Noruega	Norra meri	[norra meri]

79. Montanhas

montanha (f)	mägi	[mægi]
cordilheira (f)	mäeahelik	[mæeahelik]
serra (f)	mäeahelik	[mæeahelik]
cume (m)	tipp	[tipp]
pico (m)	mäetipp	[mæetipp]
sopé (m)	jalam	[jalam]
declive (m)	nõlv	[nɜlʲu]
vulcão (m)	vulkaan	[uulʲka:n]
vulcão (m) ativo	tegutsev vulkaan	[tegutseu uulʲka:n]
vulcão (m) extinto	kustunud vulkaan	[kusˡtunut uulʲka:n]
erupção (f)	vulkaanipurse	[uulʲka:nipurse]
cratera (f)	kraater	[kra:ter]
magma (m)	magma	[magma]
lava (f)	laava	[la:ua]
fundido (lava ~a)	hõõguv	[hɜ:guu]
desfiladeiro (m)	kanjon	[kanjon]
garganta (f)	kuristik, taarn	[kurisˡtik, ta:rn]
fenda (f)	kaljulõhe	[kaljulɜhe]
precipício (m)	kuristik	[kurisˡtik]
passo, colo (m)	kuru	[kuru]
planalto (m)	platoo	[plato:]
falésia (f)	kalju	[kalju]
colina (f)	küngas	[kɯngas]
glaciar (m)	liustik	[liusˡtik]
queda (f) d'água	juga	[juga]
géiser (m)	geiser	[gejser]
lago (m)	järv	[jæru]
planície (f)	lausmaa	[lausma:]
paisagem (f)	maastik	[ma:sˡtik]
eco (m)	kaja	[kaja]
alpinista (m)	alpinist	[alʲpinisˡt]

escalador (m)	kaljuronija	[kaljuronija]
conquistar (vt)	vallutama	[ualʲutama]
subida, escalada (f)	mäkketõus	[mækketɜus]

80. Nomes de montanhas

Alpes (m pl)	Alpid	[alʲpit]
monte Branco (m)	Mont Blanc	[mon blan]
Pirineus (m pl)	Püreneed	[pʉrene:t]

Cárpatos (m pl)	Karpaadid	[karpa:dit]
montes (m pl) Urais	Uurali mäed	[u:rali mææt]
Cáucaso (m)	Kaukasus	[kaukasus]
Elbrus (m)	Elbrus	[elʲbrus]

Altai (m)	Altai	[alʲtai]
Tian Shan (m)	Tjan-Šan	[tjanʃan]
Pamir (m)	Pamiir	[pami:r]
Himalaias (m pl)	Himaalaja	[hima:laja]
monte (m) Everest	Everest	[eʋeresʲt]

Cordilheira (f) dos Andes	Andid	[andit]
Kilimanjaro (m)	Kilimandžaaro	[kilimandʒa:ro]

81. Rios

rio (m)	jõgi	[jɜgi]
fonte, nascente (f)	allikas	[alʲikas]
leito (m) do rio	säng	[sæng]
bacia (f)	bassein	[bassejn]
desaguar no ...	suubuma	[su:buma]

afluente (m)	lisajõgi	[lisajɜgi]
margem (do rio)	kallas	[kalʲæs]

corrente (f)	vool	[ʋo:lʲ]
rio abaixo	allavoolu	[alʲæʋo:lu]
rio acima	ülesvoolu	[ʉlesʋo:lu]

inundação (f)	üleujutus	[ʉleujutus]
cheia (f)	suurvesi	[su:rʋesi]
transbordar (vi)	üle ujutama	[ʉle ujutama]
inundar (vt)	uputama	[uputama]

banco (m) de areia	madalik	[madalik]
rápidos (m pl)	lävi	[lʲæʋi]

barragem (f)	pais	[pais]
canal (m)	kanal	[kanalʲ]
reservatório (m) de água	veehoidla	[ʋe:hojtla]
eclusa (f)	lüüs	[lʉ:s]
corpo (m) de água	veekogu	[ʋe:kogu]

pântano (m)	soo	[so:]
tremedal (m)	õõtssoo	[ɜ:tsso:]
remoinho (m)	veekeeris	[ʋe:ke:ris]

arroio, regato (m)	oja	[oja]
potável	joogi-	[jo:gi-]
doce (água)	mage-	[mage-]

gelo (m)	jää	[jæ:]
congelar-se (vr)	külmuma	[kʉlʲmuma]

82. Nomes de rios

rio Sena (m)	Seine	[sen]
rio Loire (m)	Loire	[lua:r]

rio Tamisa (m)	Thames	[tems]
rio Reno (m)	Rein	[rejn]
rio Danúbio (m)	Doonau	[do:nau]

rio Volga (m)	Volga	[ʋolʲga]
rio Don (m)	Don	[don]
rio Lena (m)	Leena	[le:na]

rio Amarelo (m)	Huang He	[huanhe]
rio Yangtzé (m)	Jangtse	[jangtse]
rio Mekong (m)	Mekong	[mekong]
rio Ganges (m)	Ganges	[ganges]

rio Nilo (m)	Niilus	[ni:lus]
rio Congo (m)	Kongo	[kongo]
rio Cubango (m)	Okavango	[okaʋango]
rio Zambeze (m)	Zambezi	[sambesi]
rio Limpopo (m)	Limpopo	[limpopo]
rio Mississípi (m)	Mississippi	[misisippi]

83. Floresta

floresta (f), bosque (m)	mets	[mets]
florestal	metsa-	[mɵtsɑ-]

mata (f) cerrada	tihnik	[tihnik]
arvoredo (m)	salu	[salu]
clareira (f)	lagendik	[lagendik]

matagal (m)	padrik	[padrik]
mato (m)	põõsastik	[pɜ:sasʲtik]

vereda (f)	jalgrada	[jalʲgrada]
ravina (f)	jäärak	[jæ:rak]
árvore (f)	puu	[pu:]
folha (f)	leht	[leht]

folhagem (f)	lehestik	[lehestik]
queda (f) das folhas	lehtede langemine	[lehtede langemine]
cair (vi)	langema	[langema]
topo (m)	latv	[latʊ]
ramo (m)	oks	[oks]
galho (m)	oks	[oks]
botão, rebento (m)	pung	[pung]
agulha (f)	okas	[okas]
pinha (f)	käbi	[kæbi]
buraco (m) de árvore	puuõõs	[pu:ʒ:s]
ninho (m)	pesa	[pesa]
toca (f)	urg	[urg]
tronco (m)	tüvi	[tʊʊi]
raiz (f)	juur	[ju:r]
casca (f) de árvore	koor	[ko:r]
musgo (m)	sammal	[sammalʲ]
arrancar pela raiz	juurima	[ju:rima]
cortar (vt)	raiuma	[raiuma]
desflorestar (vt)	maha raiuma	[maha raiuma]
toco, cepo (m)	känd	[kænt]
fogueira (f)	lõke	[lɜke]
incêndio (m) florestal	tulekahju	[tulekahju]
apagar (vt)	kustutama	[kusʲtutama]
guarda-florestal (m)	metsavaht	[metsaʊaht]
proteção (f)	taimekaitse	[taimekaitse]
proteger (a natureza)	looduskaitse	[lo:duskaitse]
caçador (m) furtivo	salakütt	[salakʊtt]
armadilha (f)	püünis	[pʊ:nis]
colher (cogumelos, bagas)	korjama	[korjama]
perder-se (vr)	ära eksima	[æra eksima]

84. Recursos naturais

recursos (m pl) naturais	loodusvarad	[lo:dusʊarat]
minerais (m pl)	maavarad	[ma:ʊarat]
depósitos (m pl)	lademed	[lademet]
jazida (f)	leiukoht	[lejukoht]
extrair (vt)	kaevandama	[kaeʊandama]
extração (f)	kaevandamine	[kaeʊandamine]
minério (m)	maak	[ma:k]
mina (f)	kaevandus	[kaeʊandus]
poço (m) de mina	šaht	[ʃaht]
mineiro (m)	kaevur	[kaeʊur]
gás (m)	gaas	[ga:s]
gasoduto (m)	gaasijuhe	[ga:sijuhe]

petróleo (m)	nafta	[nafta]
oleoduto (m)	naftajuhe	[naftajuhe]
poço (m) de petróleo	nafta puurtorn	[nafta puːrtorn]
torre (f) petrolífera	puurtorn	[puːrtorn]
petroleiro (m)	tanker	[tanker]

areia (f)	liiv	[liːʊ]
calcário (m)	paekivi	[paekiʊi]
cascalho (m)	kruus	[kruːs]
turfa (f)	turvas	[turʊas]
argila (f)	savi	[saʊi]
carvão (m)	süsi	[sʉsi]

ferro (m)	raud	[raut]
ouro (m)	kuld	[kulʲt]
prata (f)	hõbe	[hɜbe]
níquel (m)	nikkel	[nikkelʲ]
cobre (m)	vask	[ʊask]

zinco (m)	tsink	[tsink]
manganês (m)	mangaan	[mangaːn]
mercúrio (m)	elavhõbe	[elaʊhɜbe]
chumbo (m)	seatina	[seatina]

mineral (m)	mineraal	[mineraːlʲ]
cristal (m)	kristall	[krisʲtalʲ]
mármore (m)	marmor	[marmor]
urânio (m)	uraan	[uraːn]

85. Tempo

tempo (m)	ilm	[ilʲm]
previsão (f) do tempo	ilmaennustus	[ilʲmaennusʲtus]
temperatura (f)	temperatuur	[temperatuːr]
termómetro (m)	kraadiklaas	[kraːdiklaːs]
barómetro (m)	baromeeter	[baromeːter]

húmido	niiske	[niːske]
humidade (f)	niiskus	[niːskus]
calor (m)	kuumus	[kuːmus]
cálido	kuum	[kuːm]
está muito calor	on kuum	[ɒn kuːm]

| está calor | soojus | [soːjus] |
| quente | soe | [soe] |

| está frio | on külm | [on kʉlʲm] |
| frio | külm | [kʉlʲm] |

sol (m)	päike	[pæjke]
brilhar (vi)	paistma	[paisʲtma]
de sol, ensolarado	päikseline	[pæjkseline]
nascer (vi)	tõusma	[tɜusma]
pôr-se (vr)	loojuma	[loːjuma]

nuvem (f)	pilv	[pilʲʊ]
nublado	pilves	[pilʲʊes]
nuvem (f) preta	pilv	[pilʲʊ]
escuro, cinzento	sompus	[sompus]

chuva (f)	vihm	[ʊihm]
está a chover	vihma sajab	[ʊihma sajab]
chuvoso	vihmane	[ʊihmane]
chuviscar (vi)	tibutama	[tibutama]

chuva (f) torrencial	paduvihm	[paduʊihm]
chuvada (f)	hoovihm	[ho:ʊihm]
forte (chuva)	tugev	[tugeʊ]
poça (f)	lomp	[lomp]
molhar-se (vr)	märjaks saama	[mærjaks sa:ma]

nevoeiro (m)	udu	[udu]
de nevoeiro	udune	[udune]
neve (f)	lumi	[lumi]
está a nevar	lund sajab	[lunt sajab]

86. Tempo extremo. Catástrofes naturais

trovoada (f)	äike	[æjke]
relâmpago (m)	välk	[ʊælʲk]
relampejar (vi)	välku lööma	[ʊælʲkʉ lø:ma]

trovão (m)	kõu	[kɜu]
trovejar (vi)	müristama	[mʉrisʲtama]
está a trovejar	müristab	[mʉrisʲtab]

granizo (m)	rahe	[rahe]
está a cair granizo	rahet sajab	[rahet sajab]

inundar (vt)	üle ujutama	[ʉle ujutama]
inundação (f)	üleujutus	[ʉleujutus]

terremoto (m)	maavärin	[ma:ʊærin]
abalo, tremor (m)	tõuge	[tɜuge]
epicentro (m)	epitsenter	[epitsenter]

erupção (f)	vulkaanipurse	[ʊulʲka:nipurse]
lava (f)	laava	[la:ʊa]

turbilhão (m)	tromb	[tromb]
tornado (m)	tornaado	[torna:do]
tufão (m)	taifuun	[taifu:n]

furacão (m)	orkaan	[orka:n]
tempestade (f)	torm	[torm]
tsunami (m)	tsunami	[tsunami]

ciclone (m)	tsüklon	[tsʉklon]
mau tempo (m)	halb ilm	[halʲb ilʲm]

incêndio (m)	**tulekahju**	[tulekahju]
catástrofe (f)	**katastroof**	[katasˈtroːf]
meteorito (m)	**meteoriit**	[meteoriːt]
avalanche (f)	**laviin**	[laʋiːn]
deslizamento (m) de neve	**varing**	[ʋaring]
nevasca (f)	**lumetorm**	[lumetorm]
tempestade (f) de neve	**tuisk**	[tuisk]

FAUNA

87. Mamíferos. Predadores

predador (m)	kiskja	[kiskja]
tigre (m)	tiiger	[tiːger]
leão (m)	lõvi	[lɜʊi]
lobo (m)	hunt	[hunt]
raposa (f)	rebane	[rebane]
jaguar (m)	jaaguar	[jaːguar]
leopardo (m)	leopard	[leopart]
chita (f)	gepard	[gepart]
pantera (f)	panter	[panter]
puma (m)	puuma	[puːma]
leopardo-das-neves (m)	lumeleopard	[lumeleopart]
lince (m)	ilves	[ilʲʊes]
coiote (m)	koiott	[kojott]
chacal (m)	šaakal	[ʃaːkalʲ]
hiena (f)	hüään	[hʉæːn]

88. Animais selvagens

animal (m)	loom	[loːm]
besta (f)	metsloom	[metsloːm]
esquilo (m)	orav	[oraʊ]
ouriço (m)	siil	[siːlʲ]
lebre (f)	jänes	[jænes]
coelho (m)	küülik	[kʉːlik]
texugo (m)	mäger	[mæger]
guaxinim (m)	pesukaru	[pesukaru]
hamster (m)	hamster	[hamsʲter]
marmota (f)	koopaorav	[koːpaoraʊ]
toupeira (f)	mutt	[mutt]
rato (m)	hiir	[hiːr]
ratazana (f)	rott	[rott]
morcego (m)	nahkhiir	[nahkhiːr]
arminho (m)	kärp	[kærp]
zibelina (f)	soobel	[soːbelʲ]
marta (f)	nugis	[nugis]
doninha (f)	nirk	[nirk]
vison (m)	naarits	[naːrits]

castor (m)	kobras	[kobras]
lontra (f)	saarmas	[sa:rmas]

cavalo (m)	hobune	[hobune]
alce (m)	põder	[pɜder]
veado (m)	põhjapõder	[pɜhjapɜder]
camelo (m)	kaamel	[ka:melʲ]

bisão (m)	piison	[pi:son]
auroque (m)	euroopa piison	[euro:pa pi:son]
búfalo (m)	pühvel	[puhvelʲ]

zebra (f)	sebra	[sebra]
antílope (m)	antiloop	[antilo:p]
corça (f)	metskits	[metskits]
gamo (m)	kabehirv	[kabehiru]
camurça (f)	mägikits	[mægikits]
javali (m)	metssiga	[metssiga]

baleia (f)	vaal	[ʋa:lʲ]
foca (f)	hüljes	[huljes]
morsa (f)	merihobu	[merihobu]
urso-marinho (m)	kotik	[kotik]
golfinho (m)	delfiin	[delfi:n]

urso (m)	karu	[karu]
urso (m) branco	jääkaru	[jæ:karu]
panda (m)	panda	[panda]

macaco (em geral)	ahv	[ahʋ]
chimpanzé (m)	šimpans	[ʃimpans]
orangotango (m)	orangutang	[orangutang]
gorila (m)	gorilla	[gorilʲæ]
macaco (m)	makaak	[maka:k]
gibão (m)	gibon	[gibon]

elefante (m)	elevant	[eleʋant]
rinoceronte (m)	ninasarvik	[ninasaruik]
girafa (f)	kaelkirjak	[kaelʲkirjak]
hipopótamo (m)	jõehobu	[jɜehobu]

canguru (m)	känguru	[kænguru]
coala (m)	koaala	[koa:la]

mangusto (m)	mangust	[mangusʲt]
chinchila (m)	tšintšilja	[tʃintʃilja]
doninha-fedorenta (f)	skunk	[skunk]
porco-espinho (m)	okassiga	[okassiga]

89. Animais domésticos

gata (f)	kass	[kass]
gato (m) macho	kass	[kass]
cão (m)	koer	[koer]

cavalo (m)	hobune	[hobune]
garanhão (m)	täkk	[tækk]
égua (f)	mära	[mæra]

vaca (f)	lehm	[lehm]
touro (m)	pull	[pulʲ]
boi (m)	härg	[hærg]

ovelha (f)	lammas	[lammas]
carneiro (m)	oinas	[ojnas]
cabra (f)	kits	[kits]
bode (m)	sokk	[sokk]

burro (m)	eesel	[eːselʲ]
mula (f)	muul	[muːlʲ]

porco (m)	siga	[siga]
leitão (m)	põrsas	[pɜrsas]
coelho (m)	küülik	[kɐːlik]

galinha (f)	kana	[kana]
galo (m)	kukk	[kukk]

pata (f)	part	[part]
pato (macho)	sinikaelpart	[sinikaelʲpart]
ganso (m)	hani	[hani]

peru (m)	kalkun	[kalʲkun]
perua (f)	kalkun	[kalʲkun]

animais (m pl) domésticos	koduloomad	[koduloːmat]
domesticado	kodustatud	[kodusʲtatut]
domesticar (vt)	taltsutama	[talʲtsutama]
criar (vt)	üles kasvatama	[ɐles kasʋatama]

quinta (f)	farm	[farm]
aves (f pl) domésticas	kodulinnud	[kodulinnut]
gado (m)	kariloomad	[kariloːmat]
rebanho (m), manada (f)	kari	[kari]

estábulo (m)	hobusetall	[hobusetalʲ]
pocilga (f)	sigala	[sigala]
estábulo (m)	lehmalaut	[lehmalaut]
coelheira (f)	küülikukasvandus	[kɐːlikukasʋandus]
galinheiro (m)	kanala	[kanala]

90. Pássaros

pássaro (m), ave (f)	lind	[lint]
pombo (m)	tuvi	[tuʋi]
pardal (m)	varblane	[ʋarblane]
chapim-real (m)	tihane	[tihane]
pega-rabuda (f)	harakas	[harakas]
corvo (m)	ronk	[ronk]

gralha (f) cinzenta	vares	[ʋares]
gralha-de-nuca-cinzenta (f)	hakk	[hakk]
gralha-calva (f)	künnivares	[kʉnniʋares]
pato (m)	part	[part]
ganso (m)	hani	[hani]
faisão (m)	faasan	[faːsan]
águia (f)	kotkas	[kotkas]
açor (m)	kull	[kulʲ]
falcão (m)	kotkas	[kotkas]
abutre (m)	raisakull	[raisakulʲ]
condor (m)	kondor	[kondor]
cisne (m)	luik	[luik]
grou (m)	kurg	[kurg]
cegonha (f)	toonekurg	[toːnekurg]
papagaio (m)	papagoi	[papagoj]
beija-flor (m)	koolibri	[koːlibri]
pavão (m)	paabulind	[paːbulint]
avestruz (m)	jaanalind	[jaːnalint]
garça (f)	haigur	[haigur]
flamingo (m)	flamingo	[flamingo]
pelicano (m)	pelikan	[pelikan]
rouxinol (m)	ööbik	[øːbik]
andorinha (f)	suitsupääsuke	[suitsupæːsuke]
tordo-zornal (m)	rästas	[ræsʲtas]
tordo-músico (m)	laulurästas	[lauluræsʲtas]
melro-preto (m)	musträstas	[musʲtræsʲtas]
andorinhão (m)	piiripääsuke	[piːripæːsuke]
cotovia (f)	lõoke	[lɔoke]
codorna (f)	vutt	[ʋutt]
pica-pau (m)	rähn	[ræhn]
cuco (m)	kägu	[kægu]
coruja (f)	öökull	[øːkulʲ]
corujão, bufo (m)	kakk	[kakk]
tetraz-grande (m)	metsis	[metsis]
tetraz-lira (m)	teder	[teder]
perdiz-cinzenta (f)	põldpüü	[pɔlʲtpʉː]
estorninho (m)	kuldnokk	[kulʲdnokk]
canário (m)	kanaarilind	[kanaːrilint]
galinha-do-mato (f)	laanepüü	[laːnepʉː]
tentilhão (m)	metsvint	[metsʋint]
dom-fafe (m)	leevike	[leːʋike]
gaivota (f)	kajakas	[kajakas]
albatroz (m)	albatross	[alʲbatross]
pinguim (m)	pingviin	[pingʋiːn]

91. Peixes. Animais marinhos

brema (f)	latikas	[latikas]
carpa (f)	karpkala	[karpkala]
perca (f)	ahven	[ahven]
siluro (m)	säga	[sæga]
lúcio (m)	haug	[haug]
salmão (m)	lõhe	[lɜhe]
esturjão (m)	tuurakala	[tu:rakala]
arenque (m)	heeringas	[he:ringas]
salmão (m)	väärislõhe	[υæ:rislɜhe]
cavala, sarda (f)	skumbria	[skumbria]
solha (f)	lest	[lesʲt]
lúcio perca (m)	kohakala	[kohakala]
bacalhau (m)	tursk	[tursk]
atum (m)	tuunikala	[tu:nikala]
truta (f)	forell	[forelʲ]
enguia (f)	angerjas	[angerjas]
raia elétrica (f)	elektrirai	[elektrirai]
moreia (f)	mureen	[mure:n]
piranha (f)	piraaja	[pira:ja]
tubarão (m)	haikala	[haikala]
golfinho (m)	delfiin	[delfi:n]
baleia (f)	vaal	[υa:lʲ]
caranguejo (m)	krabi	[krabi]
medusa, alforreca (f)	meduus	[medu:s]
polvo (m)	kaheksajalg	[kaheksajalʲg]
estrela-do-mar (f)	meritäht	[meritæht]
ouriço-do-mar (m)	merisiil	[merisi:lʲ]
cavalo-marinho (m)	merihobuke	[merihobuke]
ostra (f)	auster	[ausʲter]
camarão (m)	krevett	[kreυett]
lavagante (m)	homaar	[homa:r]
lagosta (f)	langust	[langusʲt]

92. Amfíbios. Répteis

serpente, cobra (f)	uss	[uss]
venenoso	mürgine	[mʉrgine]
víbora (f)	rästik	[ræsʲtik]
cobra-capelo, naja (f)	kobra	[kobra]
pitão (m)	püüton	[pʉ:ton]
jiboia (f)	boamadu	[boamadu]
cobra-de-água (f)	nastik	[nasʲtik]

| cascavel (f) | lõgismadu | [lɜgismadu] |
| anaconda (f) | anakonda | [anakonda] |

lagarto (m)	sisalik	[sisalik]
iguana (f)	iguaan	[igua:n]
varano (m)	varaan	[ʋara:n]
salamandra (f)	salamander	[salamander]
camaleão (m)	kameeleon	[kame:leon]
escorpião (m)	skorpion	[skorpion]

tartaruga (f)	kilpkonn	[kilʲpkonn]
rã (f)	konn	[konn]
sapo (m)	kärnkonn	[kærnkonn]
crocodilo (m)	krokodill	[krokodilʲ]

93. Insetos

inseto (m)	putukas	[putukas]
borboleta (f)	liblikas	[liblikas]
formiga (f)	sipelgas	[sipelʲgas]
mosca (f)	kärbes	[kærbes]
mosquito (m)	sääsk	[sæ:sk]
escaravelho (m)	sitikas	[sitikas]

vespa (f)	herilane	[herilane]
abelha (f)	mesilane	[mesilane]
mamangava (f)	metsmesilane	[metsmesilane]
moscardo (m)	kiin	[ki:n]

| aranha (f) | ämblik | [æmblik] |
| teia (f) de aranha | ämblikuvõrk | [æmblikuʋɜrk] |

libélula (f)	kiil	[ki:lʲ]
gafanhoto-do-campo (m)	rohutirts	[rohutirts]
traça (f)	liblikas	[liblikas]

barata (f)	tarakan	[tarakan]
carraça (f)	puuk	[pu:k]
pulga (f)	kirp	[kirp]
borrachudo (m)	kihulane	[kihulane]

gafanhoto (m)	rändtirts	[rɔɔndtirtɔ]
caracol (m)	tigu	[tigu]
grilo (m)	ritsikas	[ritsikas]
pirilampo (m)	jaaniuss	[ja:niuss]
joaninha (f)	lepatriinu	[lepatri:nu]
besouro (m)	maipõrnikas	[maipɜrnikas]

sanguessuga (f)	kaan	[ka:n]
lagarta (f)	tõuk	[tɜuk]
minhoca (f)	vagel	[ʋagelʲ]
larva (f)	tõuk	[tɜuk]

FLORA

94. Árvores

árvore (f)	puu	[pu:]
decídua	lehtpuu	[lehtpu:]
conífera	okaspuu	[okaspu:]
perene	igihaljas	[igihaljas]
macieira (f)	õunapuu	[ɜunapu:]
pereira (f)	pirnipuu	[pirnipu:]
cerejeira (f)	murelipuu	[murelipu:]
ginjeira (f)	kirsipuu	[kirsipu:]
ameixeira (f)	ploomipuu	[plo:mipu:]
bétula (f)	kask	[kask]
carvalho (m)	tamm	[tamm]
tília (f)	pärn	[pærn]
choupo-tremedor (m)	haav	[ha:ʋ]
bordo (m)	vaher	[ʋaher]
espruce-europeu (m)	kuusk	[ku:sk]
pinheiro (m)	mänd	[mænt]
alerce, lariço (m)	lehis	[lehis]
abeto (m)	nulg	[nulʲg]
cedro (m)	seeder	[se:der]
choupo, álamo (m)	pappel	[pappelʲ]
tramazeira (f)	pihlakas	[pihlakas]
salgueiro (m)	paju	[paju]
amieiro (m)	lepp	[lepp]
faia (f)	pöök	[pø:k]
ulmeiro (m)	jalakas	[jalakas]
freixo (m)	saar	[sa:r]
castanheiro (m)	kastan	[kasʲtan]
magnólia (f)	magnoolia	[magno:lia]
palmeira (f)	palm	[palʲm]
cipreste (m)	küpress	[kupress]
mangue (m)	mangroovipuu	[mangro:ʋipu:]
embondeiro, baobá (m)	ahvileivapuu	[ahʋilejʋapu:]
eucalipto (m)	eukalüpt	[eukalupt]
sequoia (f)	sekvoia	[sekʋoja]

95. Arbustos

arbusto (m)	põõsas	[pɜ:sas]
arbusto (m), moita (f)	põõsastik	[pɜ:sasʲtik]

| videira (f) | viinamarjad | [ui:namarjat] |
| vinhedo (m) | viinamarjaistandus | [ui:namarjaisˈtandus] |

framboeseira (f)	vaarikas	[ua:rikas]
groselheira-preta (f)	mustsõstra põõsas	[musˈt sɜsˈtra pɜ:sas]
groselheira-vermelha (f)	punane sõstar põõsas	[punane sɜsˈtar pɜ:sas]
groselheira (f) espinhosa	karusmari	[karusmari]

acácia (f)	akaatsia	[aka:tsia]
bérberis (f)	kukerpuu	[kukerpu:]
jasmim (m)	jasmiin	[jasmi:n]

junípero (m)	kadakas	[kadakas]
roseira (f)	roosipõõsas	[ro:sipɜ:sas]
roseira (f) brava	kibuvits	[kibuuits]

96. Frutos. Bagas

fruta (f)	puuvili	[pu:uili]
frutas (f pl)	puuviljad	[pu:uiljat]
maçã (f)	õun	[ɜun]
pera (f)	pirn	[pirn]
ameixa (f)	ploom	[plo:m]

morango (m)	aedmaasikas	[aedma:sikas]
ginja (f)	kirss	[kirss]
cereja (f)	murel	[murelʲ]
uva (f)	viinamarjad	[ui:namarjat]

framboesa (f)	vaarikas	[ua:rikas]
groselha (f) preta	must sõstar	[musˈt sɜsˈtar]
groselha (f) vermelha	punane sõstar	[punane sɜsˈtar]
groselha (f) espinhosa	karusmari	[karusmari]
oxicoco (m)	jõhvikas	[jɜhuikas]

laranja (f)	apelsin	[apelʲsin]
tangerina (f)	mandariin	[mandari:n]
ananás (m)	ananass	[ananass]

| banana (f) | banaan | [bana:n] |
| tâmara (f) | dattel | [dattelʲ] |

limão (m)	sidrun	[sidrun]
damasco (m)	aprikoos	[apriko:s]
pêssego (m)	virsik	[uirsik]

| kiwi (m) | kiivi | [ki:ui] |
| toranja (f) | greip | [grejp] |

baga (f)	mari	[mari]
bagas (f pl)	marjad	[marjat]
arando (m) vermelho	pohlad	[pohlat]
morango-silvestre (m)	maasikas	[ma:sikas]
mirtilo (m)	mustikas	[musˈtikas]

97. Flores. Plantas

flor (f)	lill	[lilʲ]
ramo (m) de flores	lillekimp	[lilʲekimp]
rosa (f)	roos	[ro:s]
tulipa (f)	tulp	[tulʲp]
cravo (m)	nelk	[nelʲk]
gladíolo (m)	gladiool	[gladio:lʲ]
centáurea (f)	rukkilill	[rukkililʲ]
campânula (f)	kellukas	[kelʲukas]
dente-de-leão (m)	võilill	[vɜililʲ]
camomila (f)	karikakar	[karikakar]
aloé (m)	aaloe	[a:loe]
cato (m)	kaktus	[kaktus]
fícus (m)	kummipuu	[kummipu:]
lírio (m)	liilia	[li:lia]
gerânio (m)	geraanium	[gera:nium]
jacinto (m)	hüatsint	[hʉatsint]
mimosa (f)	mimoos	[mimo:s]
narciso (m)	nartsiss	[nartsiss]
capuchinha (f)	kress	[kress]
orquídea (f)	orhidee	[orhide:]
peónia (f)	pojeng	[pojeng]
violeta (f)	kannike	[kannike]
amor-perfeito (m)	võõrasemad	[vɜ:rasemat]
não-me-esqueças (m)	meelespea	[me:lespea]
margarida (f)	margareeta	[margare:ta]
papoula (f)	moon	[mo:n]
cânhamo (m)	kanep	[kanep]
hortelã (f)	piparmünt	[piparmʉnt]
lírio-do-vale (m)	maikelluke	[maikelʲuke]
campânula-branca (f)	lumikelluke	[lumikelʲuke]
urtiga (f)	nõges	[nɜges]
azeda (f)	hapuoblikas	[hapuoblikas]
nenúfar (m)	vesiroos	[vesiro:s]
feto (m), samambaia (f)	sõnajalg	[sɜnajalʲg]
líquen (m)	samblik	[samblik]
estufa (f)	kasvuhoone	[kasʊuho:ne]
relvado (m)	muru	[muru]
canteiro (m) de flores	lillepeenar	[lilʲepe:nar]
planta (f)	taim	[taim]
erva (f)	rohi	[rohi]
folha (f) de erva	rohulible	[rohulible]

folha (f)	leht	[leht]
pétala (f)	õieleht	[ɜieleht]
talo (m)	vars	[ʋars]
tubérculo (m)	sibul	[sibulʲ]

| broto, rebento (m) | idu | [idu] |
| espinho (m) | okas | [okas] |

florescer (vi)	õitsema	[ɜitsema]
murchar (vi)	närtsima	[nærtsima]
cheiro (m)	lõhn	[lɜhn]
cortar (flores)	lõikama	[lɜikama]
colher (uma flor)	murdma	[murdma]

98. Cereais, grãos

grão (m)	vili	[ʋili]
cereais (plantas)	teraviljad	[teraʋiljat]
espiga (f)	körs	[kɜrs]

trigo (m)	nisu	[nisu]
centeio (m)	rukis	[rukis]
aveia (f)	kaer	[kaer]
milho-miúdo (m)	hirss	[hirss]
cevada (f)	oder	[oder]

milho (m)	mais	[mais]
arroz (m)	riis	[riːs]
trigo-sarraceno (m)	tatar	[tatar]

ervilha (f)	hernes	[hernes]
feijão (m)	aedoad	[aedoat]
soja (f)	soja	[soja]
lentilha (f)	lääts	[lʲæːts]
fava (f)	põldoad	[pɜlʲdoat]

PAÍSES DO MUNDO

99. Países. Parte 1

Português	Estoniano	Pronúncia
Afeganistão (m)	Afganistan	[afganisˈtan]
África do Sul (f)	Lõuna-Aafrika Vabariik	[lɜuna-aːfrika ʋabariːk]
Albânia (f)	Albaania	[alˈbaːnia]
Alemanha (f)	Saksamaa	[saksamaː]
Arábia (f) Saudita	Saudi Araabia	[saudi araːbia]
Argentina (f)	Argentiina	[argentiːna]
Arménia (f)	Armeenia	[armeːnia]
Austrália (f)	Austraalia	[ausˈtraːlia]
Áustria (f)	Austria	[ausˈtria]
Azerbaijão (m)	Aserbaidžaan	[aserbaidʒaːn]
Bahamas (f pl)	Bahama saared	[bahama saːret]
Bangladesh (m)	Bangladesh	[bangladesh]
Bélgica (f)	Belgia	[belˈgia]
Bielorrússia (f)	Valgevenemaa	[ʋalˈgeʋenemaː]
Bolívia (f)	Boliivia	[boliːʋia]
Bósnia e Herzegovina (f)	Bosnia ja Hertsegoviina	[bosnia ja hertsegoʋiːna]
Brasil (m)	Brasiilia	[brasiːlia]
Bulgária (f)	Bulgaaria	[bulˈgaːria]
Camboja (f)	Kambodža	[kambodʒa]
Canadá (m)	Kanada	[kanada]
Cazaquistão (m)	Kasahstan	[kasahsˈtan]
Chile (m)	Tšiili	[tʃiːli]
China (f)	Hiina	[hiːna]
Chipre (m)	Küpros	[kʉpros]
Colômbia (f)	Kolumbia	[kolumbia]
Coreia do Norte (f)	Põhja-Korea	[pɜhja-korea]
Coreia do Sul (f)	Lõuna-Korea	[lɜuna-korea]
Croácia (f)	Kroaatia	[kroaːtia]
Cuba (f)	Kuuba	[kuːba]
Dinamarca (f)	Taani	[taːni]
Egito (m)	Egiptus	[egiptus]
Emirados Árabes Unidos	Araabia Ühendemiraadid	[araːbia ʉhendemiraːdit]
Equador (m)	Ecuador	[ekuador]
Escócia (f)	Šotimaa	[ʃotimaː]
Eslováquia (f)	Slovakkia	[sloʋakkia]
Eslovénia (f)	Sloveenia	[sloʋeːnia]
Espanha (f)	Hispaania	[hispaːnia]
Estados Unidos da América	Ameerika Ühendriigid	[ameːrika ʉhendriːgit]
Estónia (f)	Eesti	[eːsˈti]
Finlândia (f)	Soome	[soːme]
França (f)	Prantsusmaa	[prantsusmaː]

100. Países. Parte 2

Gana (f)	Gaana	[ga:na]
Geórgia (f)	Gruusia	[gru:sia]
Grã-Bretanha (f)	Suurbritannia	[su:rbritannia]
Grécia (f)	Kreeka	[kre:ka]
Haiti (m)	Haiiti	[hai:ti]
Hungria (f)	Ungari	[ungari]
Índia (f)	India	[india]

Indonésia (f)	Indoneesia	[indone:sia]
Inglaterra (f)	Inglismaa	[inglisma:]
Irão (m)	Iraan	[ira:n]
Iraque (m)	Iraak	[ira:k]
Irlanda (f)	Iirimaa	[i:rima:]
Islândia (f)	Island	[islant]
Israel (m)	Iisrael	[i:sraelʲ]

Itália (f)	Itaalia	[ita:lia]
Jamaica (f)	Jamaika	[jamaika]
Japão (m)	Jaapan	[ja:pan]
Jordânia (f)	Jordaania	[jorda:nia]
Kuwait (m)	Kuveit	[kuʋejt]
Laos (m)	Laos	[laos]
Letónia (f)	Läti	[lʲæti]

Líbano (m)	Liibanon	[li:banon]
Líbia (f)	Liibüa	[li:bʉa]
Liechtenstein (m)	Liechtenstein	[lihtenʃtejn]
Lituânia (f)	Leedu	[le:du]
Luxemburgo (m)	Luxembourg	[luksembourg]
Macedónia (f)	Makedoonia	[makedo:nia]
Madagáscar (m)	Madagaskar	[madagaskar]

Malásia (f)	Malaisia	[malaisia]
Malta (f)	Malta	[malʲta]
Marrocos	Maroko	[maroko]
México (m)	Mehhiko	[mehhiko]
Myanmar (m), Birmânia (f)	Mjanma	[mjanma]
Moldávia (f)	Moldova	[molʲdoʋa]
Mónaco (m)	Monaco	[monako]

Mongólia (f)	Mongoolia	[mɵngoːlia]
Montenegro (m)	Montenegro	[montenegro]
Namíbia (f)	Namiibia	[nami:bia]
Nepal (m)	Nepal	[nepalʲ]
Noruega (f)	Norra	[norra]
Nova Zelândia (f)	Uus Meremaa	[u:s merema:]

101. Países. Parte 3

Países (m pl) Baixos	Madalmaad	[madalʲma:t]
Palestina (f)	Palestiina autonoomia	[palesʲti:na autono:mia]

Panamá (m)	Panama	[panama]
Paquistão (m)	Pakistan	[pakisˈtan]
Paraguai (m)	Paraguai	[paraguai]
Peru (m)	Peruu	[peru:]
Polinésia Francesa (f)	Prantsuse Polüneesia	[prantsuse polɐne:sia]

Polónia (f)	Poola	[po:la]
Portugal (m)	Portugal	[portugalʲ]
Quénia (f)	Keenia	[ke:nia]
Quirguistão (m)	Kõrgõzstan	[kɜrgɜsˈtan]
República (f) Checa	Tšehhia	[tʃehhia]
República (f) Dominicana	Dominikaani Vabariik	[dominika:ni ʋabari:k]
Roménia (f)	Rumeenia	[rume:nia]

Rússia (f)	Venemaa	[ʋenema:]
Senegal (m)	Senegal	[senegalʲ]
Sérvia (f)	Serbia	[serbia]
Síria (f)	Süüria	[sɐ:ria]
Suécia (f)	Rootsi	[ro:tsi]
Suíça (f)	Šveits	[ʃʋejts]
Suriname (m)	Suriname	[suriname]

Tailândia (f)	Tai	[tai]
Taiwan (m)	Taivan	[taiʋan]
Tajiquistão (m)	Tadžikistan	[tadʒikisˈtan]
Tanzânia (f)	Tansaania	[tansa:nia]
Tasmânia (f)	Tasmaania	[tasma:nia]
Tunísia (f)	Tuneesia	[tune:sia]
Turquemenistão (m)	Türkmenistan	[tɐrkmenisˈtan]

Turquia (f)	Türgi	[tɐrgi]
Ucrânia (f)	Ukraina	[ukraina]
Uruguai (m)	Uruguai	[uruguai]
Uzbequistão (f)	Usbekistan	[usbekisˈtan]
Vaticano (m)	Vatikan	[ʋatikan]
Venezuela (f)	Venetsueela	[ʋenetsue:la]
Vietname (m)	Vietnam	[ʋietnam]
Zanzibar (m)	Sansibar	[sansibar]